Phèdre

ÉTONNANTS • CLASSIQUES

RACINE

Phèdre

Présentation, notes et dossier par
ANNE PRINCEN,
professeur de lettres

GF Flammarion

ISBN : 978-2-0812-1966-3
ISSN : 1269-8822

SOMMAIRE

Dossier

PRÉSENTATION

Phèdre : les derniers feux de la tragédie

Une réception houleuse

Nombre d'œuvres se signalent à la postérité littéraire par le bruit qui les escorte : cabales retentissantes ou succès foudroyant, doctes polémiques ou lazzis de circonstance, lancés les uns par les rivaux de l'auteur, les autres par ses puissants défenseurs. *Phèdre* n'échappe nullement à la règle. Dès les premières représentations de la pièce à l'Hôtel de Bourgogne, en janvier 1677, une âpre bataille oppose Racine à Pradon, auteur d'une tragédie concurrente, *Phèdre et Hippolyte*, dont la timide héroïne n'a pas le front d'être aussi coupable que sa rivale racinienne. En effet, sacrifiant à l'esprit de galanterie qui règne sur les mœurs du temps, Pradon a adouci le crime de Phèdre en faisant d'elle la fiancée promise à Thésée et non son épouse légitime. Concession au puritanisme d'un public souvent féminin qui répugne autant à l'inceste qu'à l'adultère, cette liberté prise avec le mythe semble d'abord payée de succès. Le public afflue massivement lors des premières représentations de la pièce de Pradon, jusqu'à ce que Boileau orchestre la riposte en prenant fait et cause pour celle de Racine et en ameutant les protecteurs qu'il a en commun avec le dramaturge. Les défenseurs de la bienséance morale s'opposent avec force aux artisans de la fureur antique, et la querelle dégénère en une guerre des sonnets qui, par protecteurs interposés, implique bientôt jusqu'aux plus grands noms de l'État et de l'aristocratie : d'un côté, Colbert, Condé et La Rochefoucauld[1] prônent la rudesse tragique de l'odieuse criminelle, tandis que de l'autre Thomas Corneille[2], Mme Des Houlières[3] et la duchesse de Bouillon[4] lui reprochent « trop d'amour, trop de fureur et trop d'effronterie » et, prenant le parti de Pradon, favorisent son avatar plus tendre hérité des canons de la pastorale[5]. Cette polémique est un exemple parmi d'autres des innombrables remous qui agitent la grande mer de l'histoire littéraire. Mais qu'on prenne seulement un peu de distance par rapport à ce tumulte immédiat et que, de la rive contemporaine, on observe après coup l'histoire de la tragédie classique dans le dernier quart du XVIIe siècle, ce qui surprend alors n'est plus tant le battage de la réception qui accompagne *Phèdre* que le calme absolu qui lui succède et le silence obstiné qui retombe sur son sillage.

---

1. ***La Rochefoucauld*** (1613-1680) : écrivain, moraliste et mémorialiste français, célèbre surtout pour ses *Maximes ou Sentences morales*, qui mettent à nu la vérité du cœur humain, ses faiblesses et ses tromperies. Cet aristocrate, qui a vu la noblesse à laquelle il appartient réduite et domptée par l'autorité monarchique de Louis XIV, depuis les événements de la Fronde, ne jette plus sur la nature humaine, dont la plupart des mouvements sont régis par l'amour propre, qu'un regard empreint de pessimisme désabusé.
2. ***Thomas Corneille*** (1625-1709), jeune frère du dramaturge Pierre Corneille, juriste et lui-même dramaturge, qui prit le parti de Pradon aux côtés de M. de Nevers, de Mme Des Houlières et de la duchesse de Bouillon.
3. ***Antoinette Des Houlières*** (1638-1694) : femme de lettres française proche de Pierre et Thomas Corneille.
4. ***Marie Anne Mancini*** (1649-1714) : duchesse de Bouillon et nièce de Mazarin, qui fut un temps la protectrice de La Fontaine.
5. ***Pastorale*** : genre littéraire, d'origine antique (*Les Bucoliques* de Virgile), en vogue à partir de la Renaissance et jusqu'au XVIIe siècle, mettant en scène les amours de bergers de fantaisie dans une nature idyllique.

Le silence de Racine

Après *Phèdre*, pendant près de douze ans, Racine n'écrit plus la moindre ligne dramatique et cette œuvre restera sa dernière tragédie profane. Ses deux ultimes pièces, *Esther* et *Athalie*, d'inspiration biblique, ne sont composées qu'en 1689 et 1691, à la faveur d'une commande de Mme de Maintenon, dans le but d'édifier[1] les pensionnaires de Saint-Cyr[2] par « quelque espèce de poème moral et historique dont l'amour fût entièrement banni[3] ». On ne peut s'empêcher d'interroger ce silence. Longtemps la tradition critique y a lu le signe d'un amer dépit, lié à l'échec de la pièce. On sait depuis que ce dernier fut très relatif, et que la rivalité entre Pradon et Racine a bien vite tourné à l'avantage du second. D'aucuns, prosaïquement, ont plutôt vu dans ce silence la conséquence d'un embourgeoisement matrimonial[4] et d'une consécration sociale. Son rôle de mari et de père, la charge d'historiographe[5] du roi qui lui est confiée en 1677 et ses intérêts de courtisan ne laissant tout simplement plus le loisir à l'auteur de composer de nouvelles tragédies. Pourtant, on imagine mal que la mission, aussi prestigieuse fût-elle, de glorifier pour l'éternité le règne de Louis XIV, ait pu éclipser l'amour du théâtre chez un homme qui en avait fait sa carrière et qui, régulièrement depuis plus de dix ans, avait donné à la scène ses plus belles pièces classiques : *Andromaque* (1668), *Britannicus* (1669), *Bérénice* (1670), *Bajazet* (1672), *Mithridate* (1673) et *Iphigénie* (1675).

---

1. ***Édifier*** : élever moralement, inciter au bien en donnant l'exemple.
2. ***Saint-Cyr*** : pensionnat fondé par Mme de Maintenon, destiné aux jeunes filles pauvres de l'aristocratie française.
3. Lettre de Mme de Maintenon à Racine.
4. En 1677, Racine se marie avec Catherine de Romanet, jeune femme de vingt-cinq ans issue de la bourgeoisie anoblie, qui lui donnera sept enfants entre 1678 et 1692.
5. Un ***historiographe*** est un écrivain que l'on charge officiellement d'écrire l'histoire de son temps et des grandes figures de son époque.

Il est permis de penser que ce silence naît plutôt du double mouvement d'une conscience créatrice qui reconnaît l'accomplissement artistique de son geste et, au même moment, s'effraie de son audace. Dans l'ouvrage qu'il consacre au dramaturge, Thierry Maulnier donne à cette stupéfaction muette du créateur une couleur édifiante : « Sur le cadavre de Phèdre et sur l'expiation de Phèdre, Racine n'a jeté qu'un silence inexorable. Ce silence durera douze années. Ce silence ne condamne pas seulement l'admirable pécheresse, mais tout le peuple tragique dont elle est la dernière héroïne et la plus déchirée. [...] Leur dernière représentante, leur dernière sœur, apparaît sans doute à son créateur trop attirante, trop charnelle, trop adorable. [...] En Racine, poursuit-il, l'artiste a fait trembler le chrétien[1]. » Confirmée par le regain religieux qui anime la fin de l'existence de Racine, cette lecture nous met sur la voie de l'incroyable synthèse qu'opère la pièce. Spectacle absolu, la tragédie offre les séductions de la théâtralité la plus aboutie tout en exprimant le plus exigeant des catholicismes de l'époque : l'austérité tragique du jansénisme (voir *infra*).

Pour capter la lumière particulière de cette œuvre, il convient de repérer ce qu'elle emprunte au patrimoine dramatique de l'Antiquité avant de s'intéresser à la fusion qu'elle réalise entre la tragédie héroïque et la peinture morale de la passion intérieure, et de repérer ce qu'elle illustre des grandes réflexions théologiques de son époque.

1. Thierry Maulnier, *Racine*, Gallimard, 1936, p. 254.

Un monstre esthétique

Les sources antiques : la raison grecque et l'outrance romaine…

Euripide

La perfection de la *Phèdre* racinienne puise à la source antique avec une rare intelligence et manifeste un art de l'emprunt qui prouve le génie dramatique de Racine. Le motif de *Phèdre*, épouse incestueuse qui voue au fils de Thésée, Hippolyte, un amour coupable, est attesté dès la haute Antiquité comme l'un des épisodes du mythe de Thésée[1]. Mentionné l'une des toutes premières fois dans l'*Odyssée* d'Homère lorsque cette figure apparaît à Ulysse, au pays des morts, escortée de quelques autres héroïnes célèbres pour leurs amours malheureuses, l'épisode est repris et fixé par Euripide au ve siècle av. J.-C., dans *Hippolyte voilé*, une pièce dont il ne nous reste qu'une cinquantaine de vers, puis dans *Hippolyte porte-couronne*, dont l'intégralité nous est parvenue. Conçue comme une *théomachie*[2], cette deuxième pièce d'Euripide, à travers le couple tragique de Phèdre et d'Hippolyte, incarne l'affrontement de deux déesses rivales : Aphrodite et Artémis (Vénus et Diane dans le panthéon latin), qui régissent l'une et l'autre les destins des personnages tragiques. Ce gouvernement divin des intérêts humains n'empêche pas la peinture d'une figure féminine inquiète de son honneur et rongée par la culpabilité, dont Racine se souviendra, ni le mouvement volontaire d'un aveu plein

1. ***Thésée*** : fils d'Égée et d'Aethra ; roi légendaire de l'Attique dont l'existence est antérieure d'environ une génération à la guerre de Troie. Sa légende, proche de celle d'Héraclès, veut qu'en héros il ait combattu monstres et brigands, et notamment le fabuleux Minotaure dans le labyrinthe crétois.
2. ***Théomachie*** : œuvre de la littérature antique qui met en scène le combat des dieux de la mythologie, comme la *Théogonie* d'Hésiode (viiie siècle av. J.-C.).

de réticence qui inspirera très directement la première scène du dramaturge classique entre Phèdre et Œnone. De cette tragédie grecque, Racine se démarquera en transformant la mort de son héroïne en un moyen d'innocenter Hippolyte alors que, par elle, Euripide signait la condamnation de son héros.

Sénèque

À la détresse tragique et impuissante de la *Phèdre* d'Euripide succède chez le dramaturge latin Sénèque (4 av. J.-C.-65 apr. J.-C.) la peinture furieuse d'une inclination pleinement assumée. La crainte de la toute-puissance divine qui imprégnait la pièce grecque a laissé place chez celui qui fut le précepteur de l'empereur Néron à une leçon de stoïcisme[1]. Démonstration en acte de la nocivité des passions, la Phèdre de la tragédie latine prend elle-même l'initiative de déclarer sa passion à Hippolyte (chez Euripide, c'était Œnone qui trahissait son secret), choisit délibérément d'accuser l'ingrat et assume la pleine reconnaissance de sa faute, en confessant son crime, à la fin de la pièce. Si la détermination du personnage est moindre chez Racine, Phèdre n'accusant pas directement Hippolyte, le mouvement de sa conscience qui évolue de la fureur amoureuse à l'expiation[2] publique est entièrement emprunté au modèle latin.

*

Pour reprendre les propos de Christian Delmas et Georges Forestier à propos des sources antiques : « L'heureuse audace de Racine est de n'avoir pas choisi entre l'une ou l'autre de ces images : se voulant le dépositaire *moderne* de tout l'art des *Anciens* – un classique, au sens premier du terme –, il a pris le risque de

1. ***Stoïcisme*** : philosophie antique prônant une vie en accord avec la raison et la nature, loin du tumulte des passions.
2. ***Expiation*** : expression du repentir dans le but d'apaiser la colère de Dieu.

faire une Phèdre contradictoire [...][1]. » Comme il l'écrit lui-même dans sa préface, Racine s'inspire en effet d'Euripide pour la peinture morale de son héroïne. Dépossédé de son libre arbitre par une impérieuse fatalité, sans pour autant être privé du souci de sa gloire, l'archétype grec du personnage lui est en effet apparu hautement « raisonnable », c'est-à-dire offrant un point d'équilibre parfait entre culpabilité et innocence, et, par conséquent, conforme à la prescription aristotélicienne de médiocrité qui veut qu'un personnage tragique ne verse définitivement ni dans le mal ni dans le bien. Chez la Phèdre racinienne, comme chez celle d'Euripide, l'amer regret de la pureté ravive la cuisante morsure de la faute. En revanche, pour ce qui est de la conduite de l'action, Racine, sans le dire explicitement, semble se rapporter davantage à la version de Sénèque : scandée par trois aveux magistraux, à Œnone, à Hippolyte lui-même, puis à Thésée en personne, sa pièce hérite de la composition ternaire du modèle antique et de sa redoutable amplification tragique qui culmine avec le suicide par empoisonnement de son héroïne. Pourtant, l'influence latine ne se réduit pas à l'architecture dramatique. Racine puise aussi dans Sénèque l'outrance spectaculaire d'un emballement esthétique. Loin des obligations religieuses ou morales qui investissaient le genre tragique au siècle d'Euripide, la tragédie romaine, au temps de Néron, conçue comme un spectacle total, tire tout le parti de la sensualité déchaînée et de l'impudique furie de la marâtre amoureuse : crudité expressive du langage corporel, violence littérale des passions et représentation baroque du dérèglement des destins. À la fin de la pièce de Sénèque, les tristes et sanglants débris du corps démembré d'Hippolyte, que pleure un père meurtrier, et que Phèdre choisit comme autel pour s'immoler, sont le meilleur exemple de ce phénoménal déchaînement tragique.

---

1. *Phèdre*, éd. Christian Delmas et Georges Forestier, Gallimard, coll. « Folio théâtre », p. 22-23.

La régularité classique au service de la puissance du mythe

S'il se refuse à exhiber sur la scène la sanglante dépouille d'Hippolyte, Racine se souvient néanmoins de la force de telles images. Dans le récit de Théramène (acte V, scène 6), il a soin de donner libre champ au sombre envoûtement d'une poésie morbide, tout en canalisant l'expression de cette incommensurable violence dans les bornes du carcan classique. En cherchant à concilier les contraintes de la rigueur classique et le désordre primitif de la nature, Racine crée une tension dramatique sans équivalent. Les motifs ou scènes qui confèrent à la pièce toute sa singularité sont précisément ceux dont la merveilleuse exubérance est contenue dans les limites poétiques de la règle : l'aura infernale de Thésée et la mort héroïque d'Hippolyte. Avant d'analyser l'effet poétique de cette torsion esthétique, quasi monstrueuse par l'alliance des contraires qu'elle opère, voyons de quelle façon Racine, pour y parvenir, sacrifie avec une parfaite virtuosité à la vraisemblance et à la bienséance.

La vraisemblance

Outre la règle des trois unités, de temps, d'espace et d'intrigue, qui préconise que l'action dramatique soit conforme par sa nature aux conditions matérielles de la représentation, la vraisemblance réclame que le cours des événements ne heurte pas la logique. Ce scrupule se vérifie notamment à l'endroit des deux péripéties essentielles de la pièce, point d'achoppement traditionnel de la vraisemblance : l'annonce de la mort de Thésée et le démenti de cette rumeur. L'annonce de la mort de Thésée, à la fin du premier acte, dont la fonction essentielle est de précipiter de façon décisive les aveux amoureux de Phèdre et d'Hippolyte, est l'une des inventions de Racine par rapport aux versions de ses prédécesseurs antiques. Dans sa préface, le dramaturge prend soin de la justifier très précisément. Non content de s'en tenir à l'argument de la pièce de Sénèque qui explique déjà l'absence de Thésée par sa captivité aux Enfers où il est allé enlever Proserpine – circonstance qui suffit à l'hypothèse funeste de son décès –, Racine invoque Plutarque. En effet, dans sa *Vie des hommes illustres*, l'historien grec propose une version rationaliste de l'épisode : le héros est descendu en Épire avec son ami Pirithoüs pour mener à bien quelque aventure galante. En donnant à « ce voyage fabuleux », sur lequel se fonde « le bruit de la mort de Thésée », une source historique, attestée chez Plutarque, Racine rend son choix dramaturgique vraisemblable. Ce n'est plus la fable antique qui le dédouane de son invention, mais l'Histoire elle-même. Cependant, si une telle caution lui permet de s'autoriser de la vraisemblance de l'Histoire, c'est, précise aussitôt Racine dans le cours de sa préface, « sans rien perdre des ornements de la fable qui fournit extrêmement à la poésie ». Loin de revêtir uniquement une dimension ornementale, le motif de la descente aux Enfers accomplie par Thésée exerce une fonction dramatique dans l'économie de la pièce (voir *infra*).

Le démenti de la disparition de Thésée, annoncé à la scène 3 de l'acte III[1], constitue la seconde péripétie, ou renversement de situation, susceptible de susciter les critiques d'invraisemblance. À deux reprises, Racine s'est chargé de prévenir ce risque en habituant ses spectateurs à l'hypothèse d'un retour de Thésée. À la fin de l'acte II, scène 6, Théramène a déjà évoqué cette rumeur[2], et, dès le début de ce même acte, Aricie a préparé le public à cette éventualité en doutant de ce qu'elle appelle un « bruit mal affermi » et en demandant à Ismène de lui en faire le récit. Même après cela, la princesse reste sceptique : « Croirai-je qu'un mortel

---

1. « Le roi, qu'on a cru mort, va paraître à vos yeux,/ Thésée est arrivé. Thésée est en ces lieux », v. 827-828.

2. « Cependant un bruit sourd veut que le roi respire./ On prétend que Thésée a paru dans l'Épire », v. 729-730.

avant sa dernière heure/ Peut pénétrer des morts la profonde demeure ?/ Quel charme l'attirait sur ces bords redoutés[1] ? » Il faut l'avertissement véhément d'Ismène pour qu'Aricie veuille croire à la nouvelle – « Thésée est mort, Madame, et vous seule en doutez./ Athènes en gémit, Trézène en est instruite,/ Et déjà pour son roi reconnaît Hippolyte[2] » – et envisager les conséquences de cette mort, pour elle. Outre sa fonction dramatique, qui prépare et désamorce la péripétie, un tel scepticisme revêt aussi une valeur symbolique : Aricie est celle qui doute de l'héroïsme de Thésée, qui souligne l'incomplétude de cette valeur héroïque. À la fin de la pièce, elle lui reprochera de n'avoir pas éliminé tous les monstres : « Prenez garde, Seigneur. Vos invincibles mains/ Ont de monstres sans nombre affranchi les humains./ Mais tout n'est pas détruit ; et vous en laissez vivre/ Un [...][3]. » Contrairement à Thésée face à l'accusation dont on charge son fils, elle refuse d'accorder foi à une rumeur et de régler sa conduite sur une simple présomption. À cet égard, elle est sans doute dans la pièce le personnage qui se soucie le plus de la vraisemblance des événements.

La bienséance

Autre règle de la dramaturgie classique, la bienséance, qui recommande de ne pas heurter par des réalités triviales ou grossières la sensibilité du spectateur, est, elle aussi, souveraine dans la dramaturgie racinienne. Elle se manifeste notamment par le refus de placer directement dans la bouche de Phèdre le venin de la calomnie (l'accusation d'Hippolyte), comme c'est le cas chez Sénèque : en effet, il était inconcevable aux yeux de la société française du Grand Siècle qu'une dame de haut rang ou qu'une princesse s'abaissât à commettre une telle infamie. Cette loi

1. Acte II, scène 1, v. 389 à 391.
2. Acte II, scène 1, v. 392 à 394.
3. Acte V, scène 3, v. 1443 à 1446.

explique que bien d'autres aspérités, présentes dans les sources antiques, aient été aplanies. La mort d'Hippolyte est ainsi évincée de la scène, en vertu de cette règle, et rapportée par le truchement de Théramène, son confident. Nous verrons que, sans affadir l'argument de la pièce, ce détour narratif lui confère une violence merveilleuse tout à fait inédite.

Loin de corseter les crimes fabuleux de Phèdre et de Thésée dans les rigoureux apprêts d'un formalisme classique, la tragédie racinienne, en les mettant à la gêne, semble leur donner une puissance redoublée.

De l'équilibre classique au désordre baroque

La régularité classique est également subvertie dans la composition dramatique de l'œuvre. À une première approche soulignant les vertus d'équilibre et de mesure de la pièce, inhérentes au genre, peut se superposer une lecture poétique et baroque, fondée sur l'inversion de certains motifs, la composition symétrique en miroir de la pièce et l'importance symbolique du retour des Enfers. En effet, la première partie jusqu'au retour de Thésée, après l'annonce fallacieuse de sa disparition, est caractérisée par un strict parallélisme de construction qui donne à l'œuvre une composition quasi musicale. Phèdre, Hippolyte et Aricie suivent ainsi une même ligne d'action qui mène chacun d'entre eux, après avoir combattu ses réticences, à l'aveu de son amour à son confident – acte I, scène 1 : Hippolyte et Théramène ; acte I, scène 3 : Phèdre et Œnone ; acte II, scène 1 : Aricie et Ismène. Leurs sentiments sont tous également placés sous le coup d'un interdit édicté par Thésée : celui de l'inceste et de l'adultère pour Phèdre, celui de la loi paternelle pour Hippolyte et celui de sa sujétion pour Aricie. Des trois personnages qu'elle concerne, cette communauté de destin se resserre autour de deux figures dans la suite de la tragédie : Phèdre et Hippolyte, qui, habitués à dissimuler la réalité de leur penchant sous les dehors de l'hostilité ou de l'indifférence, sont obligés de prendre prétexte de l'argument politique et de la crise successorale se déclarant à la mort de Thésée pour approcher l'objet de leur amour – c'est Hippolyte restituant à la captive Aricie sa liberté et la couronne de ses ancêtres Pallantides (acte II, scène 2), c'est Phèdre sollicitant d'Hippolyte la bienveillance pour son fils privé de père (acte II, scène 5). À ce même sort dramatique s'ajoute une conformité d'âme : tous deux partagent une vision idéale de Thésée, dont ils redessinent à leur guise les contours héroïques en gommant son inconstance volage.

Cette communauté de destin fondée sur la linéarité de l'action dramatique et sur l'équilibre tragique bascule brutalement avec le retour de Thésée. L'événement, qui n'est pas fortuitement situé à l'exact mitan de la pièce, marque un point de symétrie central de part et d'autre duquel le principe d'organisation s'inverse. Là où régnait la similitude, où le malheur n'excluait pas une relative harmonie et un climat de confiance réciproque entre les différents personnages, s'instaure un redoutable chaos qui fait éclater la haine mutuelle et la malveillance. Dans la première partie, malgré leur souffrance, les personnages proféraient une parole sincère, et ce, seulement lorsqu'ils s'y croyaient autorisés par la mort de Thésée. Ce semblant de règles morales laisse place à un emballement irrationnel de la violence. En adoptant des stratégies opposées, les protagonistes deviennent antagonistes : Hippolyte choisit de garder le silence pour préserver l'honneur de son père, tandis que Phèdre consent à une parole calomnieuse proférée par Œnone. Les signes s'inversent : la réalité est perçue comme trompeuse et le mensonge tenu pour une vérité. L'harmonie fragile de la famille vole en éclats, comme Thésée, tout juste de retour, le constate déjà – « Que vois-je ? Quelle horreur dans ces lieux répandue/ Fait fuir devant mes yeux ma famille éperdue[1] ? » –, avant de

1. Acte III, scène 5, v. 953-954.

se muer lui-même en infanticide à cause d'une femme qui respire à la fois l'inceste et l'imposture.

Bien plus qu'un motif mythologique destiné à orner l'argument tragique, le retour de Thésée des Enfers doit être lu à la lettre et interprété comme une clé symbolique de l'œuvre : avant l'événement, l'ordre du monde racinien répond aux principes ordinaires de vertu morale et de logique rationnelle ; le retour effectif du personnage précipite ce fragile équilibre dans le chaos infernal. Le règne des apparences triomphe, les difformités monstrueuses contaminent tous les protagonistes et l'ensemble de la scène est envahi par une atmosphère de souffrance, sombre escorte d'un personnage tout juste sorti des profondeurs des Enfers. Tout se passe effectivement comme si Thésée avait ramené avec lui le désordre de l'empire des ombres. Chacun devient monstrueux pour l'autre : Hippolyte à deux reprises, pour Phèdre[1], puis pour son père[2], Œnone, « monstre exécrable[3] » voué au pire des supplices par sa maîtresse, Phèdre, ultime monstre dont Thésée n'aurait pas affranchi les humains, selon Aricie dans l'avertissement qu'elle adresse à ce dernier[4]. Enfin, le monstre littéral, la créature furieuse et bondissante, œuvre de Neptune, qui surgit sur la scène tragique à la faveur du récit de Théramène à l'acte V, scène 6, et semble s'incarner sous nos yeux.

---

1. « Je le vois comme un monstre effroyable à mes yeux », acte III, scène 3, v. 884.

2. « Monstre, qu'a trop longtemps épargné le tonnerre », acte IV, scène 2, v. 1045.

3. « Je ne t'écoute plus. Va-t'en, monstre exécrable », acte IV, scène 6, v. 1317.

4. « Mais tout n'est pas détruit ; et vous en laissez vivre/ Un [...] », acte V, scène 3, v. 1445-1446.

La démolition du modèle héroïque traditionnel

La prison de l'âme

Cette façon de contenir le drame et les caractères de la tragédie, pour mieux les débrider au moment du paroxysme tragique[1] s'applique également à l'héroïsme merveilleux, consubstantiel à la geste de Thésée, qui traverse de part en part l'univers de *Phèdre*. Réprimé tout au long de la pièce, il se déchaîne sauvagement à la toute fin de l'œuvre, sous forme d'une manifestation apocalyptique (acte V, scène 6).

Si un certain nombre de « dits héroïques », de narrations relevant du registre épique, colorent de leur grandeur la trame de fond de l'œuvre, force est de constater qu'ils sont soit nourris de souvenirs lointains et de hauts faits révolus, soit formulés sur le mode de la projection fantasmatique. Dans la plupart des cas, ils semblent même détournés de leur rôle premier, la célébration de l'action, pour servir un dessein secondaire : la peinture des caractères ou la verbalisation de l'indicible.

C'est le cas, par exemple, du rappel des exploits de Thésée, ce « [...] héros intrépide/ Consolant les mortels de l'absence d'Alcide,/ Les monstres étouffés, et les brigands punis,/ Procuste, Cercyon, et Scirron, et Sinnis[2] ». Entachée du souvenir de son inconstance amoureuse, la vision idéale du héros s'est délibérément construite au mépris de la vérité historique. Mais loin de n'être qu'ornemental, ce morceau de bravoure nourrit le sentiment d'infériorité coupable du fils – « Qu'aucuns monstres par moi domptés

1. ***Paroxysme tragique*** : moment où l'émotion tragique touche à son comble.
2. Acte I, scène 1, v. 77 à 80.

jusqu'aujourd'hui,/ Ne m'ont acquis le droit de faillir comme lui[1] » – et détermine le souci d'Hippolyte de préserver par le silence la gloire de Thésée.

La deuxième grande parenthèse héroïque de la pièce intervient au deuxième acte et coïncide de troublante manière avec l'aveu amoureux de Phèdre à Hippolyte. Le souvenir de l'exploit de Thésée au Labyrinthe semble venir au secours de la bienséance dramatique sous la forme d'une métaphore héroïque. Comme il ne sied pas à une femme amoureuse de faire l'aveu direct de son amour, Racine prête à son héroïne une stratégie rhétorique d'une rare virtuosité. En lieu et place d'un éloge de son défunt mari, Phèdre se laisse dériver, comme inconsciente, dans les méandres du verbe et, par une série de transpositions, réédite la scène du Minotaure[2] au cœur même de sa déclaration. Elle commence subtilement par remplacer Thésée par Hippolyte au centre de ce tableau commémoratif, puis elle procède à sa propre mise en scène héroïque en se substituant à Ariane dans le dédale crétois. Mais à la différence de sa sœur, qui reste à l'entrée du Labyrinthe, retenant une extrémité du fil qu'elle a confié à Thésée pour lui permettre de ressortir du dédale après avoir vaincu le monstre, Phèdre s'imagine accompagnant son héros au cœur du Labyrinthe. L'exemple du couple Thésée-Ariane ne suffit pas à donner une juste idée de la passion qui l'anime, Phèdre éprouve le besoin d'une surenchère amoureuse, d'un éclat de gloire supérieur. En se rêvant « compagne du péril » et en choisissant d'aller avec Hippolyte dans le Labyrinthe, Phèdre se condamne avec son amant à une mort certaine, l'escorte fournie privant le héros de tout espoir de sortie. L'égarement au cœur de ce piège mental est alors propice à la dernière métamorphose : l'assimilation de Phèdre au Minotaure s'opérant dans l'ultime et sacrificielle requête qui est en même

1. Acte I, scène 1, v. 99-100.
2. Voir note 1, p. 9.

temps une injonction à l'héroïsme – « Digne fils du héros qui t'a donné le jour,/ Délivre l'univers d'un monstre qui t'irrite./ La veuve de Thésée ose aimer Hippolyte[1] ? »

Fantasme épique, le Labyrinthe devient le symbole de la passion fatale de Phèdre qui annonce la perte irrémédiable des deux héros à la fin de la pièce. Tout en s'achevant sur un non-événement, Hippolyte refusant de faire coïncider le crime et l'exploit, cette scène révèle avant l'heure la destinée des protagonistes et, par la charge héroïque inassouvie qu'elle contient, semble électriser la suite de l'action dès lors aimantée vers le véritable, mais fatal, exploit final.

Dans *Phèdre*, il n'est pas un seul des personnages principaux qui soit épargné par l'obsession héroïque et le souci d'une gloire superlative. La douce Aricie, dont la flamme est pourtant tendrement payée de retour, brûle elle aussi d'une soif de distinction, comme elle le confie à Ismène au début de la pièce. À son amour pour Hippolyte ne sont pas étrangers le goût du défi et celui de l'exploit qui auréolent de fierté les hommages reçus :

> Phèdre en vain s'honorait des soupirs de Thésée.
> Pour moi, je suis plus fière, et fuis la gloire aisée
> D'arracher un hommage à mille autres offerts,
> Et d'entrer dans un cœur de toutes parts ouvert[2].

Pourtant, cet appétit de gloire, cette passion de l'action auxquels les nobles héros des mythes antiques vouent un culte très légitime semblent d'abord condamnés à rester lettre morte dans l'univers racinien. Chaque velléité, sinon héroïque, du moins pratique, est sanctionnée par l'échec : le projet de départ d'Hippolyte, la résignation à mourir de Phèdre dès son entrée en scène, sa volonté de rejouer à travers l'aveu amoureux la scène grandiose du Minotaure tournent tous court. La valeur héroïque de Thésée

1. Acte II, scène 5, v. 700 à 702.
2. Acte II, scène 1, v. 445 à 448.

est mise à mal par les rumeurs d'adultère et d'inconséquence qui précèdent son retour des Enfers, et, lors de ce dernier, sa grandeur est anéantie par son criminel aveuglement envers son fils. Tout élan épique se brise contre les murailles de l'impuissance tragique. L'unique moyen d'assouvir une aspiration épique reste l'intériorisation au sein de la conscience intime ou son expression verbale. La reconstitution fantasmatique que fait Phèdre de la descente dans le Labyrinthe est le meilleur exemple de cette nouvelle formule tragique qui, contrainte de renoncer aux ressources de l'intrigue, puise sa source dans le caractère humain. Thierry Maulnier a voulu y voir la marque suprême de l'originalité et de la supériorité de Racine : « Ni Corneille, ni Rotrou, ni Quinault[1], qui ont affronté avec un bonheur inégal des sentiments lyriques, héroïques ou galants, n'ont porté à la scène des pièces où les seuls événements soient dans les âmes. »

La conjoncture politique

Très loin de la dramaturgie cornélienne qui offrait à chacun de ses personnages la perspective d'un accomplissement de son mérite personnel, le système racinien frustre ses protagonistes de moyens d'agir. Il reflète de ce point de vue la disqualification du modèle héroïque qui, au XVIIe siècle, coïncide avec l'essor du pouvoir monarchique centralisé et avec la répression des appétits d'indépendance qui animèrent la Fronde[2] dans les années 1648-1652. Le temps n'est plus où les princes de la tragédie pouvaient

1. ***Rotrou*** (1609-1650) et ***Quinault*** (1635-1688) sont des poètes et dramaturges français.
2. ***La Fronde*** : période de crise, en France, pendant la régence d'Anne d'Autriche et de son ministre Mazarin, marquée par l'opposition de la noblesse et des parlementaires au pouvoir royal. Ces événements qui surviennent alors que Louis XIV est encore mineur impressionneront durablement ce dernier et l'inciteront à placer l'aristocratie sous la coupe sévère de son pouvoir.

en toute impunité vanter leurs exploits guerriers ou leur courageux stoïcisme. Toute revendication glorieuse est devenue suspecte de démesure – la fameuse *hybris*[1] qui menace les héros mythiques. Dans *Morales du Grand Siècle*, Paul Bénichou a tout particulièrement analysé la façon dont le théâtre du XVIIe siècle se fait le vecteur de ce renversement de perspectives. Chez Racine, il a pu montrer que cette démolition du modèle héroïque s'aggravait de l'influence de l'*augustinisme janséniste*[2]. La conjoncture politique marquée par le renforcement du pouvoir monarchique n'est pas la seule responsable du carcan imposé aux valeurs honorifiques et glorieuses exaltées par la dramaturgie cornélienne. L'épanouissement du jansénisme et son pessimisme moral sont aussi des facteurs de subversion de l'ancien modèle tragique. Au moment où le libre arbitre de l'homme est battu en brèche par les théories augustiniennes de la *prédestination* et de la *grâce efficace*, il n'est plus possible de vouer un culte à l'héroïsme.

1. ***Hybris*** : mouvement de démesure qu'inspirent les passions, et notamment l'orgueil, et qui joue un rôle important dans les tragédies grecques.
2. Le jansénisme est un courant religieux né au début du XVIIe siècle d'une volonté de Jansénius, évêque d'Ypres, de réformer la religion catholique en puisant aux sources mêmes des Saintes Écritures et en s'inspirant de la théorie de la grâce héritée de saint Augustin (354-430) : pour les jansénistes, l'homme a hérité du péché d'Adam et ne peut à lui tout seul prétendre faire son salut. La grâce est le fruit de la volonté gratuite de Dieu et ne dépend aucunement de la nature des actes commis par l'homme. Seuls les élus de Dieu sont sauvés en vertu de sa volonté gratuite et imprédictible. C'est la théorie de la prédestination, dite aussi de la grâce efficace.

Une nouvelle métaphysique héroïque

Une tragédie janséniste

La malédiction transmise par Pasiphaé, coupable d'une alliance monstrueuse avec le Minotaure, et qui condamne toute sa descendance, dont Phèdre, au malheur amoureux, est la transposition mythique du péché originel qui corrompt l'humanité entière. La dégénérescence de l'amour de la reine pour Hippolyte, sentiment honteux mais dénué d'animosité, en une jalousie mauvaise, illustre cette démystification des passions entreprise au XVIIe siècle par La Rochefoucauld, l'implacable moraliste qui a su démontrer, dans le sillage des jansénistes, qu'elles n'étaient le plus souvent que le masque derrière lequel s'abritait l'amour-propre, puissant intérêt et unique moteur des actions humaines. On s'est beaucoup référé au commentaire du grand Arnauld, selon lequel Phèdre était une chrétienne à qui la grâce avait manqué, et ensuite à celui de Chateaubriand[1], pour montrer que l'héroïne racinienne incarnait cette terrible sévérité de la grâce janséniste – sourde à la sincérité de la contrition et de la repentance[2] humaine. Pour peu que l'on soit un peu familier des dogmes du jansénisme, on ne peut manquer de reconnaître en Phèdre la figure d'une pécheresse oubliée de Dieu dont l'espoir de salut est irrévocablement déçu. Mais l'analogie théologique mérite d'être prolongée :

---

1. « Cette femme qui se consolerait d'une éternité de souffrance, si elle avait joui d'un instant de bonheur, cette femme n'est pas dans le caractère antique ; c'est la chrétienne réprouvée, c'est la pécheresse tombée vivante dans les mains de Dieu ; son mot est le mot du damné », Chateaubriand, *Génie du christianisme* (1802).

2. ***Contrition, repentance*** : regret sincère et douloureux des péchés commis.

la terrible vérité de la prédestination ne serait pas complète sans l'exemple de l'immolation de l'innocence. Avec la mort d'Hippolyte, Racine complète sa démonstration théologique. Il n'est pas d'espoir de salut pour l'innocent plus que pour le pécheur : Dieu reste caché pour l'un comme pour l'autre, et le salut demeure un mystère entièrement opaque.

Le monstre païen ou l'effroi chrétien

D'avoir renoncé pendant presque toute la pièce au panache de l'héroïsme tragique ne fait que mieux sentir, à travers le débordement merveilleux du duel final raconté par Théramène à l'acte V, scène 6, le scandale métaphysique d'une mort innocente. Spectacle grandiose d'un opéra cosmique, la célèbre hypotypose[1] n'est pas seulement un contournement poétique ou ornemental de l'impossible représentation sur scène due au respect des règles de la bienséance. Si le texte commence comme un éloge funèbre – Théramène accentuant à la façon d'un chœur antique la force pathétique de son témoignage –, la violence des éléments le transforme bientôt en un spectacle baroque et dramatique sans équivalent dans la pièce. La crinière des chevaux se dresse, annonçant le surgissement de la montagne liquide sur la mer, et l'écume sanglante de leur bave est bientôt redoublée par les bouillonnements de l'écume marine. Pour le surgissement du monstre commandé par Neptune, qui semble effrayer la nature même, le poète animalise la plaine liquide de la mer, comme gagné par une sorte de délire tératologique[2]. L'outrance verbale, redoublée d'avoir été si solidement retenue jusqu'ici, atteint un degré inédit. Charles Dantzig, avec cette irrévérence qui n'appartient qu'à lui mais qui dissimule

1. ***Hypotypose*** : figure de style qui pallie l'impossibilité de représenter une scène par la vivacité et l'animation de sa description.
2. ***Tératologique*** : qui relève de la science des monstres.

mal une admiration profonde, souligne cette éclatante brutalité de l'œuvre dans son *Dictionnaire égoïste de la littérature* : « *Phèdre* est sa pièce gore. On y trouve des exagérations qu'on reprocherait à Corneille (le monstre marin de la fin, qui pue, c'est écrit ; le mot "horreur" ; "le flot qui l'apporta recule épouvanté"...)[1]. »

En réalité, c'est le jansénisme de Racine qui, paradoxalement, lui inspire cette incroyable surenchère théâtrale et cette débauche baroque de poésie merveilleuse. Face à un châtiment divin qui n'a rien d'extraordinaire dans le contexte de la mythologie païenne, celles-ci traduisent la grandeur épouvantée du croyant qui sait, quels que soient ses actes, ses mérites et sa probité au regard de Dieu, qu'il peut ne pas être élu et que sa foi n'en doit pas être affectée. Le monstre marin qui déferle sur le rivage et précipite Hippolyte sous les roues de son char est une terrible manifestation de l'indifférence de Dieu en même temps qu'un sublime appel à la gloire désintéressée.

Contrairement aux autres tragédies raciniennes, telles *Bérénice* ou *Britannicus*, qui ont transformé la pompe glorieuse du modèle cornélien en une tristesse majestueuse et envoûtante, *Phèdre* ne renonce nullement aux effets grandioses qui l'ont précédée. Ni l'énergie baroque, ni l'héroïsme humain, ni les sortilèges du merveilleux ne lui font défaut. Mais avant de délivrer leurs terribles impressions sur l'âme du spectateur, ils subissent les chaînes rigoureuses du classicisme qui sont à la forme tragique ce que les croyances jansénistes sont à la théologie catholique : une épreuve vers la pureté.

---

1. Charles Dantzig, *Dictionnaire égoïste de la littérature*, Grasset, 2007.

Du texte à la scène : l'œuvre et ses représentations

Longtemps la représentation de *Phèdre* a été tributaire de la fascination exercée par son personnage principal. Le charisme des tragédiennes qui l'ont interprété au fil des siècles – de la Champmeslé, hypnotisante mais hiératique au XVIIe siècle, à Sarah Bernhardt, habitée par une sourde malédiction au XIXe siècle, en passant par l'expressive Mlle Clairon (XVIIIe siècle) et par la magnétique Rachel (XIXe siècle) – a durablement relégué dans l'ombre l'architecture virtuose de la pièce. En servant le rôle-titre de tout leur éclat de tragédiennes, les monstres sacrés de l'histoire du théâtre ont aussi contribué à une lecture assez uniforme de la pièce. Au XXe siècle, Jean-Louis Barrault, qui affirme que « Phèdre n'est pas un concerto pour femme, [mais] une symphonie pour orchestre d'acteurs[1] », rééquilibre la partition tragique entre les différents rôles, dans sa mise en scène pour la Comédie-Française de 1946. Il souligne l'harmonie géométrique qui préside à la composition de la pièce en multipliant les effets de symétrie et en orchestrant l'ensemble selon un principe de grands mouvements qui alternent récitatifs personnels et déplorations collectives. En imaginant des « projecteurs saignants », qui restituent l'impression brûlante du soleil crétois, perçant l'atmosphère par des faisceaux lumineux serrés, disposés dans les murs, il structure l'espace entier du plateau et révèle la complexité symphonique de la pièce. Aricie, Œnone, Hippolyte et Thésée ont alors cessé d'être les faire-valoir de Phèdre. Dans cette tragédie « réentoilée », pour

1. Jean-Louis Barrault, *Mise en scène de Phèdre de Racine*, Seuil, 1972.

reprendre le mot de Paul Claudel[1], la fatalité peut alors circuler d'un personnage à l'autre, en suivant les fils qui lient entre elles ces fragiles destinées.

Une fois acquis ce redéploiement dramatique, les metteurs en scène continuent à interroger au XXe siècle le sens et la puissante séduction de l'œuvre. De sa morphologie particulière, partagée entre l'épure classique et le bouillonnement baroque, conciliant les charmes de la poésie païenne et la sévérité du dogme janséniste, semblent naître deux traditions de mise en scène distinctes : d'une part une volonté d'insister sur l'ancrage référentiel d'une pièce écrite sous la monarchie de Louis XIV et sur les résonances païennes ou théologiques qui l'habitent, d'autre part le choix inverse d'une économie de moyens au service du noble dépouillement de l'œuvre et de sa puissance universelle et métaphysique.

Antoine Vitez illustre la première école, au théâtre des Quartiers d'Ivry, quand, en 1975, il donne une lecture très historique de la pièce. Il choisit en effet de transposer la fable mythologique de la Grèce ancienne dans le Versailles du XVIIe siècle. Les costumes de la monarchie de Louis XIV et les décors guindés des salons royaux, associés à un travail de distanciation prosodique qui accentue l'artifice de l'alexandrin et du vers racinien, transforment *Phèdre* en une réflexion inquiète sur la monarchie absolue, autour d'une figure de Thésée clairement assimilée à Louis XIV.

Plus récemment, en 1995, Anne Delbée, dans sa mise en scène pour la Comédie-Française, a adopté un parti pris historique et esthétique proche de celui de Vitez, quoique moins axé sur l'interprétation politique. Sur la scène, deux chevaux cabrés, tout droit sortis des fontaines sculptées des jardins de Versailles, figurent la force indomptable de la passion. À ces éléments empruntés à l'esthétique baroque, s'ajoutent les costumes dessinés par Christian

---

1. Paul Claudel, « Conversation sur Jean Racine », dans *Accompagnements*, Gallimard, 1956.

Lacroix, qui, tout en soulignant la noblesse des personnages, illustrent leur dévoiement moral et les tentations infernales auxquelles ils sont soumis. Leurs harmonies de pourpre et d'or rappellent le prestige du rang des protagonistes tout en soulignant la force des passions qui les tenaillent. Dans une logique d'union des contraires, le metteur en scène oppose l'ascendance solaire de Phèdre, son corps nu et bronzé, à un environnement glacé : la scène est recouverte de neige où se roule l'héroïne comme pour montrer la propension du corps racinien à brûler et transir tout à la fois. Redoublant les impressionnantes images poétiques du texte, Anne Delbée n'hésite pas à susciter sur scène de spectaculaires visions qui usent de la symbolique religieuse et recourent fréquemment aux accessoires (Thésée revient des Enfers un chapelet à la main). Ce choix de l'outrance et de la surenchère évoque le rapprochement critique que Georges Forestier et Christian Delmas établissent entre la pièce de Racine et l'opéra, en vogue dans les années 1670 et illustré par des artistes comme Quinault et Lully : « Par la machinerie verbale d'une éloquence d'apparat, qu'on a parfois qualifiée de "baroque", les dits héroïques de Phèdre sont un équivalent des effets de machinerie qui dans l'opéra concrétisent visuellement les exploits des héros[1]. »

Aux antipodes de cette sensibilité démonstrative, Patrice Chéreau a choisi de se conformer plutôt aux principes de sobriété énoncés par Thierry Maulnier dans son étude sur Racine, qui peuvent avoir force de prescriptions pour la mise en scène : « Le décor humain n'a pas plus d'importance que le décor matériel. À quoi bon rétablir autour des êtres la présence pesante et vaine du monde, palais, meubles, costumes ou parures, puisque ces êtres n'ont pas de pensée ni de regard pour les parures ou les palais. [...] La tragédie n'est pas une affaire de couture, d'ébénisterie ou d'érudition, le sujet traité n'est pas prétexte à reconstitution his-

1. *Phèdre*, éd. Georges Forestier et Christian Delmas, préface, *op. cit.*, p. 11.

torique ou psychologique, parce que le sujet traité n'est pas prétexte, parce que le sujet traité, au contraire subordonne tout[1]. » Qu'il s'agisse des costumes, de la configuration de l'espace, des effets de lumière ou de son, les choix scénographiques de Patrice Chéreau au théâtre de l'Odéon à Paris en 2003 manifestent en effet une volonté d'épure atemporelle qui investit le drame, loin de toute contingence historique, d'une puissance universelle et métaphysique. Ce dépouillement et cette neutralité des décors ont pour effet de mettre en valeur la douleur des âmes traduite sur scène par la gestuelle démonstrative des acteurs. Le sein de Dominique Blanc (Phèdre) offert à l'épée d'Éric Ruf (Hippolyte), interdit et livide, les grands élancements incrédules de Marina Hands (Aricie) face au mutisme d'Hippolyte, loin du hiératisme figé de la cérémonie antique, expriment cette émotion tragique inscrite au cœur même de la chair de ceux qu'elle empoigne. Au risque d'un soupçon d'hystérie parfois, cette expressivité des corps provoque une identification franche, presque sensorielle, du public avec les personnages, comme lorsque Phèdre gisante à terre agonise et crache du poison ou quand Hippolyte vient s'asseoir au milieu des spectateurs, créant une proximité paroxystique entre ces derniers et lui.

Incandescente ou austère, échevelée ou retenue, sombre ou lumineuse, la pièce de Racine se prête à une multiplicité d'interprétations possibles. Qu'elle emprunte à la sobre orthodoxie classique ou à l'exubérance baroque, cette palette tragique ne fait que refléter les chatoiements d'une œuvre, qui, tel un feu vivant, mêle sans cesse les ombres et les flammes.

---

1. Thierry Maulnier, *Racine*, *op. cit.*, p. 61.

Archives Flammarion

■ *Phèdre* (1880), d'Alexandre Cabanel (1823-1889).

CHRONOLOGIE

1625 1715

■ Repères historiques et culturels

■ Vie et œuvre de l'auteur

Repères historiques et culturels

1625 Fondation de l'abbaye de Port-Royal.
1637 Succès du *Cid*, de Corneille.
1638 Naissance de Louis XIV.

1642 Mort de Richelieu.

1643 Mort de Louis XIII, début de la régence d'Anne d'Autriche, dont le ministre est Mazarin.
Publication par Antoine Arnauld de *De la fréquente communion*.

1648-1649 Fronde parlementaire qui aboutit à la fuite du jeune roi.

1650 Mort de Descartes.

1650-1651 Fronde des Princes, marquée par l'arrestation de Condé et de Conti.

1653 Condamnation du jansénisme par le pape.

1656 Publication des *Provinciales*, lettres polémiques de Pascal contre les jésuites.

1659 Création des *Précieuses ridicules*, premier succès de Molière.

1660 Publication d'une grande édition du *Théâtre* de Corneille, accompagnée des textes théoriques de l'auteur.

1661 Mort de Mazarin.
Début du règne personnel de Louis XIV dont le ministre est Colbert.

Vie et œuvre de l'auteur

1639 Naissance de Jean Racine, fils de Jean Racine et Jeanne Sconin. Baptême à La Ferté-Milon, le 22 décembre.

1641 Mort de sa mère, à l'âge de vingt-huit ans.

1643 Mort de son père, à l'âge de vingt-sept ans.
Racine est confié à sa grand-mère, Marie Desmoulins.

1649-1653 Retraite de Marie Desmoulins à l'abbaye de Port-Royal avec son petit-fils, scolarisé aux Petites Écoles où enseignent les Solitaires.

1653-1655 Étude de lettres et de rhétorique au collège de Beauvais.

1655-1658 Retour aux Petites Écoles, premiers écrits.

1658 Classe de philosophie au collège d'Harcourt (actuellement Saint-Louis).

1659 Premiers pas dans la vie parisienne, sous l'égide de Nicolas Vitart, son cousin, secrétaire du duc de Luynes. Rencontre avec La Fontaine et Boileau.

1660 Publication de l'ode *La Nymphe de la Seine*, dédiée à la reine.

1661 Voyage à Uzès auprès de son oncle Antoine Sconin, de qui il espère obtenir un bénéfice ecclésiastique, qui lui échappe.

Repères historiques et culturels

1662 Mort de Pascal.

1664 Disgrâce et condamnation de Fouquet.
Création du *Tartuffe* de Molière à Versailles lors de la fête des *Plaisirs de l'Île enchantée*. Interdiction de la pièce sous l'influence sous du parti dévot.
Persécutions contre Port-Royal.

1665 Création de *Dom Juan* de Molière.

1666 Création du *Misanthrope* de Molière.

1667 Guerre de Dévolution consécutive à la mort de Philippe IV, roi d'Espagne. Louis XIV et ses armées font le siège de Lille pour récupérer les territoires qui reviennent à Marie-Thérèse d'Autriche.

1668 Paix d'Aix-la-Chapelle. Fin de la guerre de Dévolution.
Annexion de la Flandre.
La Fontaine, *Fables*, livres I à VI.

1669 Nouvelle création du *Tartuffe* après la levée de l'interdiction.

1672 Guerre de Hollande.
Création des *Femmes savantes*.

1673 Coalition de l'Empire germanique, de l'Espagne et de la Lorraine contre Louis XIV.
Premier opéra de Quinault et Lully, *Cadmus et Hermione*.
Création du *Malade imaginaire* de Molière. Mort de Molière à l'issue de la quatrième représentation de cette pièce.

Vie et œuvre de l'auteur

1662 Retour à Paris et à la vie mondaine.

1663 Composition d'une *Ode sur la convalescence du roi*, qui lui vaut une gratification. Mort de sa grand-mère.

1664 Création au Palais-Royal de *La Thébaïde ou les Frères ennemis* montée par la troupe de Molière.

1665 Rupture avec Molière, Racine ayant finalement décidé de confier sa pièce à la troupe rivale de l'Hôtel de Bourgogne. Création d'*Alexandre le Grand*, premier succès.

1666 Polémique avec Port-Royal : au libelle de Nicole, Racine répond par une lettre acerbe.

1667 Création d'*Andromaque*, triomphe. Liaison avec la Du Parc, comédienne de la troupe de Molière.

1668 Mort suspecte de la Du Parc.
Création des *Plaideurs*, unique comédie de Racine.

1669 Création de *Britannicus*, accueil mitigé.

1670 Création de *Bérénice*, interprétée par la Champmeslé, comédienne et nouvelle maîtresse de Racine.
Obtention d'une pension royale.

1672 Création de *Bajazet*, puis de *Mithridate*.

1673 Élection à l'Académie française.

Repères historiques et culturels

1674 Conquête de la Franche-Comté.
Boileau, *Art poétique*.

1675 Création de *Thésée*, opéra de Quinault et Lully.

1678 Mme de Lafayette, *La Princesse de Clèves*.
La Fontaine, *Fables*, livres VII à XI.

1683 Mort de Colbert.
Mort de la reine Marie-Thérèse.

1684 Mort de Corneille.
Mariage secret de Louis XIV avec Mme de Maintenon.

1685 Révocation de l'édit de Nantes, promulgué en 1598 par Henri IV, et qui reconnaissait la liberté du culte protestant.
Début des persécutions contre les protestants.

1686 Fondation par Mme de Maintenon de Saint-Cyr, institut d'accueil pour les jeunes filles pauvres de la noblesse.

1687 Querelle des Anciens et des Modernes.

1688 La Bruyère, *Les Caractères*.

Vie et œuvre de l'auteur

1674 Création d'*Iphigénie* à l'occasion des fêtes de Versailles données en l'honneur de la victoire du roi en Franche-Comté. Obtention de la charge de trésorier du roi, anoblissement.

1677 Création de *Phèdre* à l'Hôtel de Bourgogne, interprétée par la Champmeslé. Réception houleuse.
Mariage avec Catherine Romanet, issue de la bourgeoisie aisée.
Nomination au titre d'historiographe du roi, en même temps que Boileau.
Abandon du théâtre.

1678 Racine participe à la campagne du roi à Gand et à Ypres.

1679 « Affaire des poisons » : Racine est soupçonné d'avoir empoisonné la Du Parc. Aucune preuve n'est retenue contre lui. Réconciliation avec Port-Royal.

1683 Avec Boileau, Racine suit le roi dans sa campagne militaire en Alsace.

1685 Composition d'une *Idylle sur la Paix*.
Racine participe à la campagne du Luxembourg.

1687 Élaboration d'une édition de ses *Œuvres*.

1689 Création d'*Esther* à Saint-Cyr.

1690 Racine devient gentilhomme ordinaire de la Chambre du roi, charge héréditaire à partir de 1693.

Repères historiques et culturels

1691-1692	Sièges de Mons et de Namur.
1693	Famine en France.
1694	Fin de la querelle des Anciens et des Modernes. Naissance de Voltaire. Mort d'Antoine Arnauld.
1695	Mort de Pierre Nicole. Mort de La Fontaine.
1696	Pierre Bayle, *Dictionnaire historique et critique*. Mort de La Bruyère. Mort de Mme de Lafayette.
1715	Mort de Louis XIV.

Vie et œuvre de l'auteur

1691 Création d'*Athalie* à Saint-Cyr.

1693-1697 Rédaction d'un *Abrégé de l'histoire de Port-Royal*, qui restera inachevé.

1697 Nouvelle édition complète de ses *Œuvres*.
Vie retirée à l'écart de la cour.

1699 21 avril : mort de Racine.
23 avril : inhumation à Port-Royal-des-Champs.

■ La comédienne Sarah Bernhardt (1844-1923) dans le rôle de Phèdre en 1893. Photo de Nadar.

Phèdre

Préface

Voici encore une tragédie dont le sujet est pris d'Euripide[1]. Quoique j'aie suivi une route un peu différente de celle de cet auteur pour la conduite de l'action, je n'ai pas laissé d'[2]enrichir ma pièce de tout ce qui m'a paru le plus éclatant dans la sienne. Quand je ne lui devrais que la seule idée du caractère[3] de Phèdre, je pourrais dire que je lui dois ce que j'ai peut-être mis de plus raisonnable sur le théâtre. Je ne suis point étonné que ce caractère ait eu un succès si heureux du temps d'Euripide, et qu'il ait encore si bien réussi dans notre siècle, puisqu'il a toutes les qualités qu'Aristote[4] demande dans le héros de la tragédie, et qui sont propres à exciter la compassion et la terreur[5]. En effet, Phèdre n'est ni tout à fait coupable, ni tout à fait innocente. Elle est engagée par sa destinée, et par la colère des dieux[6], dans une passion illégitime dont elle a horreur toute la première[7]. Elle fait

---

1. ***Euripide*** : dramaturge grec (480-406 av. J.-C.), auteur de la tragédie *Hippolyte porte-couronne*, œuvre dont s'inspira Racine.
2. ***Je n'ai pas laissé de*** : je n'ai pas cessé de.
3. ***Caractère*** : ici, constitution morale du personnage, qu'on découvre partagé entre une passion et une culpabilité violentes.
4. ***Aristote*** : philosophe grec (384-322 av. J.-C.) ; il a théorisé dans sa *Poétique* les principes de la tragédie.
5. ***Compassion, terreur*** : selon Aristote, deux émotions qui, par le moyen de la représentation dramatique, opèrent la *catharsis*, c'est-à-dire la purification des passions.
6. ***La colère des dieux*** : en l'occurrence, la colère de Vénus ; Phèdre est une descendante d'Hélios, le Soleil (par sa mère, Pasiphaé, née de celui-ci), le dieu qui voit tout et qui a dévoilé la relation adultère de la déesse avec Mars. Pour se venger de l'indiscrétion du Soleil, Vénus s'en prend à Phèdre.
7. ***Toute la première*** : la toute première.

tous ses efforts pour la surmonter. Elle aime mieux se laisser mourir, que de la déclarer à personne. Et lorsqu'elle est forcée de la découvrir[1], elle en parle avec une confusion, qui fait bien voir que son crime[2] est plutôt une punition des dieux, qu'un mouvement de sa volonté.

J'ai même pris soin de la rendre un peu moins odieuse qu'elle n'est dans les tragédies des Anciens[3], où elle se résout d'elle-même à accuser Hippolyte. J'ai cru que la calomnie avait quelque chose de trop bas et de trop noir pour la mettre dans la bouche d'une princesse, qui a d'ailleurs des sentiments si nobles et si vertueux. Cette bassesse m'a paru plus convenable à une nourrice, qui pouvait avoir des inclinations[4] plus serviles[5], et qui néanmoins n'entreprend cette fausse accusation que pour sauver la vie et l'honneur de sa maîtresse. Phèdre n'y donne les mains[6] que parce qu'elle est dans une agitation d'esprit qui la met hors d'elle-même, et elle vient un moment après dans le dessein[7] de justifier l'innocence, et de déclarer la vérité.

Hippolyte est accusé dans Euripide et dans Sénèque[8] d'avoir en effet[9] violé sa belle-mère. *Vim corpus tulit*[10]. Mais il n'est ici accusé que d'en avoir eu le dessein. J'ai voulu épargner à Thésée une confusion qui l'aurait pu rendre moins agréable aux spectateurs.

Pour ce qui est du personnage d'Hippolyte, j'avais remarqué dans

---

1. ***Découvrir*** : révéler.

2. ***Son crime*** : sa faute.

3. ***Anciens*** : auteurs grecs et latins de l'Antiquité, en l'occurrence Euripide (voir note 1, p. 43) et Sénèque (4 av. J.-C.-65 apr. J.-C.), qui est l'auteur d'une *Phèdre*, tragédie elle-même inspirée de l'*Hippolyte* d'Euripide.

4. ***Inclinations*** : goûts, tendances.

5. ***Serviles*** : dignes d'un esclave, vulgaires.

6. ***N'y donne les mains*** : ne se laisse aller à ce stratagème.

7. ***Le dessein*** : le projet, l'intention.

8. ***Sénèque*** : voir note 3 ci-dessus.

9. ***En effet*** : dans les faits, réellement.

10. ***Vim corpus tulit*** : «Mon corps a souffert sa violence», paroles de Phèdre accusant Hippolyte devant Thésée dans la *Phèdre* de Sénèque, v. 892.

les Anciens, qu'on reprochait à Euripide de l'avoir représenté comme un philosophe exempt de toute imperfection. Ce qui faisait que la mort de ce jeune prince causait beaucoup plus d'indignation que de pitié. J'ai cru lui devoir donner quelque faiblesse qui le rendrait un peu coupable envers son père, sans pourtant lui rien ôter de cette grandeur d'âme avec laquelle il épargne l'honneur de Phèdre, et se laisse opprimer sans l'accuser. J'appelle faiblesse la passion qu'il ressent malgré lui pour Aricie, qui est la fille et la sœur des ennemis mortels de son père[1].

Cette Aricie n'est point un personnage de mon invention. Virgile dit qu'Hippolyte l'épousa et en eut un fils[2] après qu'Esculape[3] l'eut ressuscité. Et j'ai lu encore dans quelques auteurs qu'Hippolyte avait épousé et emmené en Italie une jeune Athénienne de grande naissance, qui s'appelait Aricie, et qui avait donné son nom à une petite ville d'Italie.

Je rapporte ces autorités, parce que je me suis très scrupuleusement attaché à suivre la fable[4]. J'ai même suivi l'histoire de Thésée telle qu'elle est dans Plutarque[5].

C'est dans cet historien que j'ai trouvé que ce qui avait donné occasion de croire que Thésée fût descendu dans les Enfers[6] pour

---

1. Aricie est la fille de Pallas et la sœur des Pallantides, princes athéniens qui conspirèrent contre Thésée.

2. Dans son épopée l'*Énéide*, le poète latin Virgile (70-19 av. J.-C.) mentionne en effet un fils d'Hippolyte (Virbius), mais l'«Aricie» qu'il évoque ne désigne pas la mère de l'enfant, contrairement à ce que pense Racine ; c'est le nom de la cité dont le garçon est originaire (*Énéide* VII, v. 760 *sq.*).

3. ***Esculape*** : dieu de la Médecine chez les Romains.

4. ***La fable*** : le récit mythologique, l'histoire, telle qu'elle est rapportée par les Anciens.

5. ***Plutarque*** : historien et philosophe grec (46-125 apr. J.-C.) ; il rapporte dans ses *Vies parallèles* la biographie de personnages illustres, historiques ou mythiques, et avance des explications rationnelles pour beaucoup de légendes (ici, la descente de Thésée aux Enfers, qu'il interprète comme le souvenir d'une banale expédition guerrière, voire galante).

6. ***Les Enfers*** : dans la mythologie gréco-romaine, domaine souterrain des morts sur lequel règne Hadès (ou Pluton), frère de Zeus.

enlever Proserpine[1], était un voyage que ce prince avait fait en Épire[2] vers la source de l'Achéron[3], chez un roi dont Pirithoüs[4] voulait enlever la femme, et qui arrêta Thésée prisonnier après avoir fait mourir Pirithoüs. Ainsi j'ai tâché de conserver la vraisemblance de l'histoire, sans rien perdre des ornements de la fable qui fournit extrêmement à la poésie. Et le bruit de la mort de Thésée fondé sur ce voyage fabuleux[5], donne lieu à Phèdre de faire une déclaration d'amour, qui devient une des principales causes de son malheur, et qu'elle n'aurait jamais osé faire tant qu'elle aurait cru que son mari était vivant.

Au reste, je n'ose encore assurer que cette pièce soit en effet[6] la meilleure de mes tragédies. Je laisse et aux lecteurs et au temps à décider de son véritable prix. Ce que je puis assurer, c'est que je n'en ai point fait où la vertu soit plus mise en jour[7] que dans celle-ci. Les moindres fautes y sont sévèrement punies. La seule pensée du crime y est regardée avec autant d'horreur que le crime même. Les faiblesses de l'amour y passent pour de vraies faiblesses. Les passions n'y sont présentées aux yeux que pour montrer tout le désordre dont elles sont cause : et le vice y est peint partout avec des couleurs qui en font connaître et haïr la difformité[8]. C'est là proprement le but que tout homme qui travaille pour le public doit se proposer. Et c'est ce que les premiers poètes tragiques

---

1. ***Proserpine*** : épouse de Pluton, roi des Enfers.
2. ***Épire*** : région du nord-ouest de la Grèce, au sud de l'actuelle Albanie.
3. ***Achéron*** : fleuve d'Épire, c'est également le nom d'une branche du Styx, fleuve fabuleux qui entoure les Enfers. C'est cette double acception du mot «Achéron» qui autorise Plutarque à donner une version réaliste au mythe.
4. ***Pirithoüs*** : roi des Lapithes, fils de Zeus et de Dia ; il aida Thésée à enlever Hélène de Sparte ; en retour, Thésée l'accompagna aux Enfers pour enlever Proserpine qu'il convoitait.
5. ***Fabuleux*** : légendaire, mythique.
6. ***En effet*** : véritablement.
7. ***Mise en jour*** : mise en lumière.
8. ***Difformité*** : laideur.

avaient en vue sur toute chose[1]. Leur théâtre était une école où la vertu n'était pas moins bien enseignée que dans les écoles des philosophes. Aussi Aristote a bien voulu donner des règles du poème dramatique[2]; et Socrate[3], le plus sage des philosophes, ne dédaignait pas de mettre la main aux tragédies d'Euripide. Il serait à souhaiter que nos ouvrages fussent aussi solides et aussi pleins d'utiles instructions que ceux de ces poètes. Ce serait peut-être un moyen de réconcilier la tragédie avec quantité de personnes célèbres par leur piété[4] et par leur doctrine[5], qui l'ont condamnée dans ces derniers temps[6], et qui en jugeraient sans doute plus favorablement, si les auteurs songeaient autant à instruire leurs spectateurs qu'à les divertir, et s'ils suivaient en cela la véritable intention[7] de la tragédie.

---

1. ***Sur toute chose*** : par-dessus tout.
2. ***Du poème dramatique*** : des œuvres théâtrales (comédie et tragédie).
3. ***Socrate*** : philosophe athénien (470-399 av. J.-C.), modèle d'intelligence et de tempérance, il est considéré comme le père de la philosophie occidentale.
4. ***Piété*** : sens religieux.
5. ***Doctrine*** : instruction, érudition.
6. Racine pense ici aux attaques portées contre le théâtre par le janséniste Nicole (*Les Visionnaires*, 1666) et le prince de Conti, membre éminent du parti dévot (*Traité de la comédie*, 1666).
7. ***Véritable intention*** : véritable but.

PERSONNAGES

THÉSÉE, fils d'Égée, roi d'Athènes.
PHÈDRE, femme de Thésée, fille de Minos[1] et de Pasiphaé[2].
HIPPOLYTE, fils de Thésée, et d'Antiope reine des Amazones[3].
ARICIE, princesse du sang royal d'Athènes.
ŒNONE, nourrice et confidente de Phèdre.
THÉRAMÈNE, gouverneur d'Hippolyte.
ISMÈNE, confidente d'Aricie.
PANOPE, femme de la suite de Phèdre.
GARDES.

La scène est à Trézène, ville du Péloponnèse.

---

1. ***Minos*** : roi légendaire de Crète, fils de Zeus et d'Europe.
2. ***Pasiphaé*** : fille d'Hélios (le Soleil) et épouse de Minos. Pour se venger de l'impiété de Minos, Poséidon (Neptune) rendit Pasiphaé amoureuse d'un taureau et lui fit enfanter le Minotaure, un monstre mi-homme, mi-taureau qui fut enfermé dans un labyrinthe construit par l'ingénieur Dédale. Thésée, roi légendaire d'Athènes, y affronta la créature, la tua et ressortit du Labyrinthe aidé par Ariane, fille de Minos et de Pasiphaé, qu'il emmena avec lui, avant de l'abandonner sur l'île de Naxos. Il épousa ensuite Antiope, dont il eut un fils, Hippolyte, et, après que son épouse eut trouvé la mort en combattant à ses côtés, se remaria avec Phèdre, la sœur d'Ariane.
3. ***Amazones*** : peuplade de femmes chasseresses et guerrières.

Acte premier

Scène première

HIPPOLYTE, THÉRAMÈNE

HIPPOLYTE

Le dessein[1] en est pris, je pars, cher Théramène,
Et quitte le séjour de l'aimable Trézène[2].
Dans le doute mortel dont je suis agité,
Je commence à rougir[3] de mon oisiveté[4].
Depuis plus de six mois éloigné de mon père,
J'ignore le destin d'une tête[5] si chère.
J'ignore jusqu'aux lieux qui le peuvent cacher.

THÉRAMÈNE

Et dans quels lieux, Seigneur, l'allez-vous donc chercher ?
Déjà pour satisfaire à votre juste crainte,
J'ai couru les deux mers que sépare Corinthe[6].

---

1. ***Dessein*** : ici, décision.
2. ***Trézène*** : port du Péloponnèse, en Argolide, au sud-ouest d'Athènes, et cité natale de Thésée, qui y vint se purifier après le meurtre des Pallantides, frères d'Aricie (voir note 1, p. 45).
3. ***Rougir*** : ici, avoir honte.
4. ***Oisiveté*** : inaction.
5. ***Tête*** : personne.
6. ***Corinthe*** : non loin de Trézène, ville construite sur une mince bande de terre séparant la mer Ionienne, à l'ouest, et la mer Égée, à l'est.

J'ai demandé Thésée aux peuples de ces bords
Où l'on voit l'Achéron[1] se perdre chez les morts.
J'ai visité l'Élide[2], et laissant le Ténare[3],
Passé jusqu'à la mer qui vit tomber Icare[4].
Sur quel espoir nouveau, dans quels heureux climats
Croyez-vous découvrir la trace de ses pas ?
Qui sait même, qui sait si le roi votre père
Veut que de son absence on sache le mystère[5] ?
Et si lorsque avec vous nous tremblons pour ses jours[6],
Tranquille, et nous cachant de nouvelles amours,
Ce héros n'attend point qu'une amante abusée[7]...

HIPPOLYTE

Cher Théramène, arrête, et respecte Thésée.
De ses jeunes erreurs[8] désormais revenu,
Par un indigne obstacle[9] il n'est point retenu ;
Et fixant de ses vœux[10] l'inconstance fatale[11],
Phèdre depuis longtemps ne craint plus de rivale.
Enfin en le cherchant je suivrai mon devoir,
Et je fuirai ces lieux que je n'ose plus voir.

---

1. ***L'Achéron*** : voir note 3, p. 46.
2. ***L'Élide*** : région située à l'ouest du Péloponnèse.
3. ***Le Ténare*** : cap situé à l'extrême sud du Péloponnèse.
4. ***La mer qui vit tomber Icare*** : extrémité est de la mer Égée, où périt Icare, le fils de Dédale, pour avoir volé trop près du soleil avec des ailes ajustées à son corps par de la cire.
5. ***Mystère*** : secret.
6. ***Ses jours*** : sa vie.
7. ***Une amante abusée*** : une maîtresse trompée (dans la langue classique, « amante » désigne la femme qui aime et qui est aimée de retour). Théramène suggère qu'une aventure amoureuse est peut-être à l'origine de la disparition de Thésée.
8. ***Jeunes erreurs*** : erreurs de jeunesse ; Thésée était un séducteur impénitent.
9. ***Un indigne obstacle*** : des amours adultères.
10. ***Ses vœux*** : ici, son amour.
11. ***Fatale*** : funeste.

THÉRAMÈNE

Hé depuis quand, Seigneur, craignez-vous la présence
De ces paisibles lieux, si chers à votre enfance,
Et dont je vous ai vu préférer le séjour
Au tumulte pompeux[1] d'Athène[2] et de la Cour ?
Quel péril[3], ou plutôt quel chagrin vous en chasse ?

HIPPOLYTE

Cet heureux temps n'est plus. Tout a changé de face
Depuis que sur ces bords[4] les dieux ont envoyé
La fille de Minos et de Pasiphaé.

THÉRAMÈNE

J'entends. De vos douleurs la cause m'est connue,
Phèdre ici vous chagrine, et blesse votre vue.
Dangereuse marâtre[5], à peine elle vous vit,
Que votre exil d'abord signala son crédit[6].
Mais sa haine sur vous autrefois attachée,
Ou s'est évanouie, ou s'est bien relâchée.
Et d'ailleurs, quels périls vous peut faire courir
Une femme mourante, et qui cherche à mourir ?
Phèdre atteinte d'un mal qu'elle s'obstine à taire,
Lasse enfin d'elle-même, et du jour qui l'éclaire,
Peut-elle contre vous former quelques desseins ?

---

1. ***Pompeux*** : solennel, fastueux.
2. ***Athène*** : sans ***s*** final, licence poétique ; le *e* final se trouve ainsi élidé, pour respecter la mesure de l'alexandrin.
3. ***Péril*** : danger.
4. ***Sur ces bords*** : sur ce rivage ; Trézène est proche de la mer.
5. ***Marâtre*** : belle-mère.
6. ***Signala son crédit*** : lui permit de montrer à tous qu'elle était en faveur auprès de Thésée, qu'elle avait de l'influence sur lui.

HIPPOLYTE

Sa vaine inimitié[1] n'est pas ce que je crains.
Hippolyte en partant fuit une autre ennemie.
Je fuis, je l'avouerai, cette jeune Aricie,
Reste d'un sang fatal[2] conjuré contre nous[3].

THÉRAMÈNE

Quoi ! vous-même, Seigneur, la persécutez-vous ?
Jamais l'aimable sœur des cruels Pallantides,
Trempa-t-elle aux complots de ses frères perfides[4] ?
Et devez-vous haïr ses innocents appas[5] ?

HIPPOLYTE

Si je la haïssais, je ne la fuirais pas.

THÉRAMÈNE

Seigneur, m'est-il permis d'expliquer votre fuite ?
Pourriez-vous n'être plus ce superbe[6] Hippolyte,
Implacable[7] ennemi des amoureuses lois[8],
Et d'un joug[9] que Thésée a subi tant de fois ?
Vénus[10] par votre orgueil si longtemps méprisée,
Voudrait-elle à la fin justifier Thésée[11] ?

---

1. ***Inimitié*** : hostilité.
2. ***Fatal*** : marqué par le destin.
3. Aricie est la dernière survivante des Pallantides, enfants de Pallas qui disputèrent le trône d'Athènes à Thésée et que ce dernier massacra. Après ce complot, Aricie est tenue prisonnière à Trézène.
4. ***Perfides*** : trompeurs.
5. ***Ses innocents appas*** : sa beauté qui n'a rien à se reprocher.
6. ***Superbe*** : fier, orgueilleux.
7. ***Implacable*** : inflexible.
8. ***Amoureuses lois*** : lois de l'amour.
9. ***Un joug*** : une contrainte sévère; ici, la dictature du désir amoureux.
10. Vénus est la déesse romaine de l'Amour.
11. ***Justifier Thésée*** : donner raison à Thésée, approuver sa galanterie.

Et vous mettant au rang du reste des mortels[1],
Vous a-t-elle forcé d'encenser ses autels[2] ?
Aimeriez-vous, Seigneur ?

HIPPOLYTE

Ami, qu'oses-tu dire ?
Toi qui connais mon cœur depuis que je respire,
Des sentiments d'un cœur si fier, si dédaigneux,
Peux-tu me demander le désaveu honteux ?
C'est peu qu'avec son lait une mère amazone[3]
M'ait fait sucer encor[4] cet orgueil qui t'étonne.
Dans un âge plus mûr moi-même parvenu,
Je me suis applaudi, quand je me suis connu.
Attaché près de moi par un zèle[5] sincère,
Tu me contais alors l'histoire de mon père.
Tu sais combien mon âme attentive à ta voix,
S'échauffait aux récits de ses nobles exploits ;
Quand tu me dépeignais ce héros intrépide
Consolant les mortels de l'absence d'Alcide[6],
Les monstres étouffés, et les brigands punis,
Procruste, Cercyon, et Scirron, et Sinnis[7],
Et les os dispersés du géant d'Épidaure[8],

---

1. *Mortels* : êtres humains, qui, par nature, sont sujets aux passions.

2. *D'encenser ses autels* : de lui rendre un culte, c'est-à-dire ici de l'adorer (les autels sont les tables servant aux sacrifices et aux offrandes dans les lieux de culte).

3. *Amazone* : voir note 3, p. 48.

4. *Encor* : licence poétique pour « encore ».

5. *Zèle* : dévouement.

6. *Alcide* : Héraclès (ou Hercule), fils d'Alcée. Thésée « console les mortels » de l'« absence » d'Héraclès en accomplissant des exploits dignes des fameux travaux réalisés par ce dernier.

7. *Procruste*, *Cercyon*, *Scirron*, *Sinnis* : brigands qui s'en prenaient aux voyageurs, sur la route qui menait de Trézène à Athènes, et que tua Thésée.

8. *Géant d'Épidaure* : Périphétès, brigand qui tuait les voyageurs à coups de massue et qui fut vaincu par Thésée.

Et la Crète fumant du sang du Minotaure[1].
Mais quand tu récitais des faits moins glorieux,
Sa foi partout offerte[2], et reçue en cent lieux,
Hélène à ses parents dans Sparte dérobée[3],
Salamine témoin des pleurs de Péribée[4],
Tant d'autres, dont les noms lui sont même échappés,
Trop crédules esprits que sa flamme[5] a trompés ;
Ariane aux rochers[6] contant ses injustices,
Phèdre enlevée enfin sous de meilleurs auspices[7] ;
Tu sais comme à regret écoutant ce discours,
Je te pressais souvent d'en abréger le cours.
Heureux ! si j'avais pu ravir à la mémoire[8]
Cette indigne moitié d'une si belle histoire.
Et moi-même à mon tour je me verrais lié[9] ?
Et les dieux jusque-là m'auraient humilié ?
Dans mes lâches soupirs d'autant plus méprisable,
Qu'un long amas d'honneurs rend Thésée excusable,
Qu'aucuns monstres[10] par moi domptés jusqu'aujourd'hui,
Ne m'ont acquis le droit de faillir[11] comme lui.

---

1. ***Minotaure*** : voir note 2, p. 48.
2. ***Sa foi partout offerte*** : sa fidélité promise à toutes les femmes.
3. Allusion à l'enlèvement d'Hélène par Thésée (voir note 4, p. 46) ; la jeune femme fut ensuite enlevée à son mari Ménélas, le roi de Sparte, par Pâris, fils du roi de Troie, Priam – événement qui déclencha la guerre de Troie.
4. Fille du roi de Mégare, Péribée épousa le roi de Salamine après avoir été enlevée puis abandonnée par Thésée.
5. ***Sa flamme*** : son amour.
6. ***Aux rochers*** : aux rochers de l'île de Naxos, où Thésée abandonna Ariane, en revenant de Crète (voir note 2, p. 48).
7. ***Sous de meilleurs auspices*** : pour un avenir plus heureux ; il était prévu que Phèdre, dès son enlèvement, devînt l'épouse légitime de Thésée, à la différence des autres femmes séduites par le héros.
8. ***Ravir à la mémoire*** : effacer du souvenir des hommes.
9. ***Lié*** : prisonnier des liens de l'amour.
10. Pluriel courant au XVIIe siècle.
11. ***Faillir*** : fauter, par libertinage.

Quand même ma fierté[1] pourrait s'être adoucie,
Aurais-je pour vainqueur dû choisir Aricie ?
Ne souviendrait-il plus à mes sens égarés[2],
De l'obstacle éternel[3] qui nous a séparés ?
Mon père la réprouve[4], et par des lois sévères
Il défend de donner des neveux à ses frères[5] ;
D'une tige[6] coupable il craint un rejeton.
Il veut avec leur sœur ensevelir leur nom,
Et que jusqu'au tombeau soumise à sa tutelle,
Jamais les feux d'hymen[7] ne s'allument pour elle.
Dois-je épouser ses droits[8] contre un père irrité ?
Donnerai-je l'exemple à la témérité[9] ?
Et dans un fol amour ma jeunesse embarquée...

THÉRAMÈNE

Ah, Seigneur ! Si votre heure est une fois marquée,
Le ciel de nos raisons ne sait point s'informer[10].
Thésée ouvre vos yeux en voulant les fermer,

---

1. ***Ma fierté*** : mon insensibilité à l'amour.

2. ***Ne souviendrait-il plus à mes sens égarés*** : mes sens égarés (par l'amour) ne se souviendraient-ils plus.

3. ***L'obstacle éternel*** : la haine entre la maison de Thésée et celle des Pallantides (voir note 3, p. 52).

4. ***Réprouve*** : rejette.

5. Thésée interdit toute descendance à Aricie, sœur des Pallantides qu'il a pris soin de décimer (voir note 3, p. 52).

6. ***Tige*** : famille, race.

7. ***Les feux d'hymen*** : les feux du mariage ; les noces étaient accompagnées de flambeaux.

8. Seule survivante des Pallantides, Aricie hérite des « droits » qu'ils prétendaient avoir sur le trône d'Athènes.

9. ***Témérité*** : insolence.

10. ***Si votre heure est une fois marquée/*** [...] ***point s'informer*** : si le destin et le ciel ont décidé qu'il était temps pour Hippolyte d'aimer, ils ne daigneront prêter aucune attention à sa volonté propre.

Et sa haine irritant une flamme rebelle[1],
Prête à son ennemie une grâce nouvelle.
Enfin d'un chaste[2] amour pourquoi vous effrayer ?
S'il a quelque douceur, n'osez-vous l'essayer[3] ?
En croirez-vous toujours un farouche scrupule ?
Craint-on de s'égarer sur les traces d'Hercule ?
Quels courages Vénus n'a-t-elle pas domptés !
Vous-même où seriez-vous, vous qui la combattez,
Si toujours Antiope[4] à ses lois opposée,
D'une pudique ardeur[5] n'eût brûlé pour Thésée ?
Mais que sert d'affecter[6] un superbe[7] discours ?
Avouez-le, tout change. Et depuis quelques jours
On vous voit moins souvent, orgueilleux, et sauvage,
Tantôt faire voler un char sur le rivage,
Tantôt savant dans l'art par Neptune inventé[8],
Rendre docile au frein[9] un coursier[10] indompté.
Les forêts de nos cris moins souvent retentissent.
Chargés d'un feu[11] secret, vos yeux s'appesantissent.
Il n'en faut point douter, vous aimez, vous brûlez.
Vous périssez d'un mal que vous dissimulez.
La charmante Aricie a-t-elle su vous plaire ?

HIPPOLYTE

Théramène, je pars, et vais chercher mon père.

---

1. ***Irritant une flamme rebelle*** : excitant un amour contraire à sa volonté.
2. ***Chaste*** : pur.
3. ***L'essayer*** : en faire l'expérience.
4. ***Antiope*** : mère d'Hippolyte (voir note 2, p. 48).
5. ***Une pudique ardeur*** : un amour honnête.
6. ***D'affecter*** : de simuler.
7. ***Superbe*** : fier, orgueilleux.
8. ***L'art par Neptune inventé*** : l'équitation.
9. ***Frein*** : mors d'un cheval.
10. ***Coursier*** : cheval.
11. ***Un feu*** : une passion.

THÉRAMÈNE

Ne verrez-vous point Phèdre avant que de partir,
Seigneur ?

HIPPOLYTE

C'est mon dessein, tu peux l'en avertir.
Voyons-la, puisque ainsi mon devoir me l'ordonne.
Mais quel nouveau malheur trouble sa chère Œnone ?

Scène 2

HIPPOLYTE, ŒNONE, THÉRAMÈNE

ŒNONE

Hélas, Seigneur ! quel trouble au mien peut être égal ?
La reine touche presque à son terme fatal[1].
En vain à l'observer jour et nuit je m'attache.
Elle meurt dans mes bras d'un mal qu'elle me cache.
Un désordre éternel règne dans son esprit.
Son chagrin inquiet[2] l'arrache de son lit.
Elle veut voir le jour ; et sa douleur profonde
M'ordonne toutefois d'écarter tout le monde…
Elle vient.

HIPPOLYTE

Il suffit, je la laisse en ces lieux,
Et ne lui montre point un visage odieux[3].

---

1. ***Son terme fatal*** : sa mort.
2. ***Inquiet*** : sans repos.
3. ***Odieux*** : qu'elle hait.

Scène 3

PHÈDRE, ŒNONE

PHÈDRE

N'allons point plus avant. Demeurons, chère Œnone.
Je ne me soutiens plus, ma force m'abandonne.
Mes yeux sont éblouis du jour que je revois,
Et mes genoux tremblants se dérobent sous moi.
Hélas !

Elle s'assit.

ŒNONE

Dieux tout-puissants ! que nos pleurs vous apaisent.

PHÈDRE

Que ces vains ornements, que ces voiles me pèsent !
Quelle importune[1] main, en formant tous ces nœuds,
A pris soin sur mon front d'assembler mes cheveux ?
Tout m'afflige[2] et me nuit, et conspire à me nuire.

ŒNONE

Comme on voit tous ses vœux l'un l'autre se détruire !
Vous-même condamnant vos injustes desseins,
Tantôt à vous parer vous excitiez nos mains.
Vous-même rappelant votre force première,
Vous vouliez vous montrer et revoir la lumière ;
Vous la voyez, Madame, et prête à vous cacher,
Vous haïssez le jour que vous veniez chercher ?

---

1. ***Importune*** : désagréable.
2. ***M'afflige*** : me fait souffrir, m'accable.

PHÈDRE

Noble et brillant auteur d'une triste famille[1],
Toi, dont ma mère[2] osait se vanter d'être fille,
Qui peut-être rougis du trouble où tu me vois,
Soleil, je te viens voir pour la dernière fois.

ŒNONE

Quoi ! vous ne perdrez point cette cruelle envie ?
Vous verrai-je toujours, renonçant à la vie,
Faire de votre mort les funestes apprêts[3] ?

PHÈDRE

Dieux ! que ne suis-je assise à l'ombre des forêts !
Quand pourrai-je au travers d'une noble poussière
Suivre de l'œil un char fuyant dans la carrière[4] ?

ŒNONE

Quoi, Madame !

PHÈDRE

Insensée, où suis-je ? et qu'ai-je dit ?
Où laissé-je égarer mes vœux[5], et mon esprit ?
Je l'ai perdu. Les dieux m'en ont ravi l'usage.
Œnone, la rougeur[6] me couvre le visage,
Je te laisse trop voir mes honteuses douleurs,
Et mes yeux malgré moi se remplissent de pleurs.

---

1. ***Triste famille*** : famille maudite.
2. ***Ma mère*** : Pasiphaé, fille d'Hélios, qui fut, comme Phèdre, l'objet de la haine des dieux (voir note 2, p. 48).
3. ***Apprêts*** : préparatifs.
4. ***Carrière*** : vaste espace où l'on pratique les exercices équestres.
5. ***Vœux*** : ici, désirs amoureux.
6. ***La rougeur*** : la rougeur de la honte.

Œnone

Ah ! s'il vous faut rougir, rougissez d'un silence,
Qui de vos maux encore aigrit[1] la violence.
Rebelle à tous nos soins, sourde à tous nos discours,
Voulez-vous sans pitié laisser finir vos jours ?
Quelle fureur les borne[2] au milieu de leur course ?
Quel charme[3] ou quel poison en a tari la source ?
Les ombres par trois fois ont obscurci les cieux[4],
Depuis que le sommeil n'est entré dans vos yeux ;
Et le jour a trois fois chassé la nuit obscure,
Depuis que votre corps languit[5] sans nourriture.
À quel affreux dessein vous laissez-vous tenter ?
De quel droit sur vous-même osez-vous attenter ?
Vous offensez les dieux auteurs de votre vie.
Vous trahissez l'époux à qui la foi[6] vous lie,
Vous trahissez enfin vos enfants malheureux,
Que vous précipitez sous un joug rigoureux.
Songez qu'un même jour leur ravira leur mère,
Et rendra l'espérance au fils de l'étrangère[7],
À ce fier ennemi de vous, de votre sang,
Ce fils qu'une Amazone[8] a porté dans son flanc,
Cet Hippolyte…

Phèdre

Ah dieux !

---

1. ***Aigrit*** : accentue.
2. ***Quelle fureur les borne*** : quelle folie les arrête (c'est-à-dire vous fait mourir).
3. ***Charme*** : ici, sortilège.
4. ***Les ombres par trois fois ont obscurci les cieux*** : trois nuits se sont écoulées
5. ***Languit*** : dépérit.
6. ***Foi*** : fidélité conjugale.
7. ***Au fils de l'étrangère*** : à Hippolyte.
8. ***Amazone*** : voir note 3, p. 48.

ŒNONE

Ce reproche vous touche.

PHÈDRE

Malheureuse, quel nom est sorti de ta bouche ?

ŒNONE

Hé bien, votre colère éclate avec raison.
J'aime à vous voir frémir à ce funeste nom.
Vivez donc. Que l'amour, le devoir vous excite.
Vivez, ne souffrez pas[1] que le fils d'une Scythe[2],
Accablant vos enfants d'un empire[3] odieux,
Commande au plus beau sang de la Grèce, et des dieux[4].
Mais ne différez point, chaque moment vous tue.
Réparez promptement[5] votre force abattue,
Tandis que de vos jours prêts à se consumer,
Le flambeau dure encore, et peut se rallumer.

PHÈDRE

J'en ai trop prolongé la coupable durée.

ŒNONE

Quoi ! de quelques remords êtes-vous déchirée ?
Quel crime a pu produire un trouble si pressant[6] ?
Vos mains n'ont point trempé dans le sang innocent ?

---

1. *Ne souffrez pas* : n'acceptez pas.

2. *Une Scythe* : une Amazone.

3. *Empire* : domination absolue.

4. *Au plus beau sang de la Grèce, et des dieux* : à la famille de Phèdre, qui descend des dieux et peut prétendre à une origine grecque très ancienne, contrairement au « barbare » Hippolyte, fils d'une Scythe.

5. *Promptement* : rapidement.

6. *Pressant* : accablant.

PHÈDRE

Grâces au ciel, mes mains ne sont point criminelles.
Plût aux dieux que mon cœur fût innocent comme elles !

ŒNONE

Et quel affreux projet avez-vous enfanté,
Dont votre cœur encor doive être épouvanté ?

PHÈDRE

Je t'en ai dit assez. Épargne-moi le reste.
Je meurs, pour ne point faire un aveu si funeste.

ŒNONE

Mourez donc, et gardez un silence inhumain.
Mais pour fermer vos yeux cherchez une autre main[1].
Quoiqu'il vous reste à peine une faible lumière,
Mon âme chez les morts descendra la première.
Mille chemins ouverts y conduisent toujours,
Et ma juste douleur choisira les plus courts.
Cruelle, quand ma foi vous a-t-elle déçue ?
Songez-vous qu'en naissant mes bras vous ont reçue ?
Mon pays, mes enfants, pour vous j'ai tout quitté.
Réserviez-vous ce prix à ma fidélité ?

PHÈDRE

Quel fruit espères-tu de tant de violence ?
Tu frémiras d'horreur si je romps le silence.

---

1. ***Pour fermer vos yeux cherchez une autre main*** : cherchez quelqu'un d'autre (que moi) pour vous assister dans la mort. En plus d'un chantage au suicide, l'argumentation d'Œnone s'appuie sur une menace plus effrayante pour les chrétiens du XVIIe siècle que pour une princesse antique : mourir seule, c'est-à-dire sans confession.

ŒNONE

Et que me direz-vous, qui ne cède, grands dieux !
À l'horreur[1] de vous voir expirer à mes yeux ?

PHÈDRE

Quand tu sauras mon crime, et le sort qui m'accable,
Je n'en mourrai pas moins, j'en mourrai plus coupable.

ŒNONE

Madame, au nom des pleurs que pour vous j'ai versés,
Par vos faibles genoux, que je tiens embrassés[2],
Délivrez mon esprit de ce funeste doute.

PHÈDRE

Tu le veux. Lève-toi.

ŒNONE

Parlez. Je vous écoute.

PHÈDRE

Ciel ! que lui vais-je dire ? Et par où commencer ?

ŒNONE

Par de vaines frayeurs cessez de m'offenser.

PHÈDRE

Ô haine de Vénus ! Ô fatale[3] colère !
Dans quels égarements[4] l'amour jeta ma mère !

---

1. ***Qui ne cède*** […]/ ***À l'horreur*** : qui soit plus effrayant que.
2. Dans l'Antiquité, les suppliants embrassaient les genoux de leur interlocuteur.
3. ***Fatale*** : marquée par le destin.
4. ***Égarements*** : erreurs, folies ; allusion aux amours monstrueuses de Pasiphaé (voir note 2, p. 48).

ŒNONE

Oublions-les, Madame. Et qu'à tout l'avenir
Un silence éternel cache ce souvenir.

PHÈDRE

Ariane, ma sœur ! de quel amour blessée,
Vous mourûtes aux bords où vous fûtes laissée[1] ?

ŒNONE

Que faites-vous, Madame ? et quel mortel ennui[2],
Contre tout votre sang vous anime aujourd'hui ?

PHÈDRE

Puisque Vénus le veut, de ce sang déplorable[3]
Je péris la dernière, et la plus misérable.

ŒNONE

Aimez-vous ?

PHÈDRE

De l'amour j'ai toutes les fureurs[4].

ŒNONE

Pour qui ?

PHÈDRE

Tu vas ouïr le comble des horreurs.
J'aime… à ce nom fatal, je tremble, je frissonne.
J'aime…

---

1. ***Aux bords où vous fûtes laissée*** : sur l'île de Naxos, où Thésée abandonna Ariane (voir note 2, p. 48).
2. ***Ennui*** : chagrin, tourment violent.
3. ***Déplorable*** : digne de pitié.
4. ***Fureurs*** : passions, emportements.

■ Phèdre (Dominique Blanc) et Œnone (Christiane Cohendy, de dos) dans la mise en scène de Patrice Chéreau au théâtre de l'Odéon à Paris en 2003.

ŒNONE

Qui ?

PHÈDRE

Tu connais ce fils de l'Amazone,
Ce prince si longtemps par moi-même opprimé.

ŒNONE

Hippolyte ! Grands dieux !

PHÈDRE

C'est toi qui l'as nommé.

ŒNONE

Juste Ciel ! tout mon sang dans mes veines se glace.
Ô désespoir ! Ô crime ! Ô déplorable race !
Voyage infortuné[1] ! Rivage malheureux[2] !
Fallait-il approcher de tes bords dangereux ?

PHÈDRE

Mon mal vient de plus loin. À peine au fils d'Égée
Sous les lois de l'hymen[3] je m'étais engagée,
Mon repos, mon bonheur semblait être affermi,
Athènes me montra mon superbe[4] ennemi.
Je le vis, je rougis, je pâlis à sa vue.
Un trouble s'éleva dans mon âme éperdue.
Mes yeux ne voyaient plus, je ne pouvais parler,
Je sentis tout mon corps et transir[5], et brûler.
Je reconnus Vénus, et ses feux[6] redoutables,

---

1. ***Voyage infortuné*** : voyage que fit Phèdre en venant de Crète en Grèce.
2. ***Rivage malheureux*** : le rivage de la Grèce, où Phèdre est venue pour son malheur.
3. ***De l'hymen*** : du mariage.
4. ***Superbe*** : fier, orgueilleux.
5. ***Transir*** : être saisi de froid.
6. ***Feux*** : passions.

D'un sang qu'elle poursuit tourments inévitables.
Par des vœux assidus[1] je crus les détourner,
Je lui bâtis un temple, et pris soin de l'orner.
De victimes[2] moi-même à toute heure entourée,
Je cherchais dans leurs flancs[3] ma raison égarée,
D'un incurable amour remèdes impuissants!
En vain sur les autels ma main brûlait l'encens[4].
Quand ma bouche implorait le nom de la déesse,
J'adorais Hippolyte, et le voyant sans cesse,
Même au pied des autels que je faisais fumer,
J'offrais tout à ce dieu, que je n'osais nommer.
Je l'évitais partout. Ô comble de misère!
Mes yeux le retrouvaient dans les traits de son père.
Contre moi-même enfin j'osai me révolter.
J'excitai mon courage à le persécuter.
Pour bannir l'ennemi dont j'étais idolâtre[5],
J'affectai les chagrins d'une injuste marâtre,
Je pressai son exil, et mes cris éternels
L'arrachèrent du sein, et des bras paternels.
Je respirais, Œnone; et depuis son absence,
Mes jours moins agités coulaient dans l'innocence.
Soumise à mon époux, et cachant mes ennuis,
De son fatal hymen je cultivais les fruits[6].
Vaines précautions! Cruelle destinée!
Par mon époux lui-même à Trézène amenée
J'ai revu l'ennemi que j'avais éloigné.
Ma blessure trop vive aussitôt a saigné.

---

1. *Des vœux assidus* : de fréquentes prières.
2. *Victimes* : animaux sacrifiés en l'honneur de la déesse.
3. *Leurs flancs* : le ventre des victimes, ouvert pour en examiner les entrailles afin de connaître l'avenir.
4. *Encens* : résine brûlée en l'honneur des dieux.
5. *Dont j'étais idolâtre* : que j'adorais comme un dieu.
6. *Fruits* : enfants, fruits du mariage (hymen) de Phèdre avec Thésée.

Ce n'est plus une ardeur dans mes veines cachée ;
C'est Vénus tout entière à sa proie attachée.
J'ai conçu pour mon crime une juste terreur.
J'ai pris la vie en haine, et ma flamme[1] en horreur.
Je voulais en mourant prendre soin de ma gloire[2],
Et dérober au jour une flamme si noire[3].
Je n'ai pu soutenir[4] tes larmes, tes combats.
Je t'ai tout avoué, je ne m'en repens pas,
Pourvu que de ma mort respectant les approches
Tu ne m'affliges[5] plus par d'injustes reproches,
Et que tes vains secours cessent de rappeler
Un reste de chaleur[6], tout prêt à s'exhaler.

Scène 4

PHÈDRE, ŒNONE, PANOPE

PANOPE

Je voudrais vous cacher une triste nouvelle,
Madame. Mais il faut que je vous la révèle.
La mort vous a ravi votre invincible époux,
Et ce malheur n'est plus ignoré que de vous.

ŒNONE

Panope, que dis-tu ?

---

1. ***Ma flamme*** : mon amour.
2. ***Gloire*** : ici, réputation.
3. ***Noire*** : criminelle.
4. ***Soutenir*** : résister à.
5. ***M'affliges*** : m'accables.
6. ***Un reste de chaleur*** : le peu de vie qu'il me reste.

PANOPE

Que la Reine abusée[1]
En vain demande au ciel le retour de Thésée,
Et que par des vaisseaux arrivés dans le port
Hippolyte son fils vient d'apprendre sa mort.

PHÈDRE

Ciel !

PANOPE

Pour le choix d'un maître Athènes se partage.
Au prince votre fils l'un donne son suffrage,
Madame, et de l'État l'autre oubliant les lois
Au fils de l'étrangère ose donner sa voix.
On dit même qu'au trône une brigue[2] insolente
Veut placer Aricie, et le sang de Pallante[3].
J'ai cru de ce péril vous devoir avertir.
Déjà même Hippolyte est tout prêt à partir,
Et l'on craint, s'il paraît dans ce nouvel orage,
Qu'il entraîne après lui tout un peuple volage[4].

ŒNONE

Panope, c'est assez. La reine, qui t'entend,
Ne négligera point cet avis important.

---

1. ***Abusée*** : trompée.
2. ***Brigue*** : manœuvre politique en vue de prendre le pouvoir.
3. ***Pallante*** : Pallas, père des Pallantides.
4. ***Volage*** : capricieux, facilement influençable.

Scène 5

PHÈDRE, ŒNONE

ŒNONE

Madame, je cessais de vous presser de vivre.
Déjà même au tombeau je songeais à vous suivre.
Pour vous en détourner je n'avais plus de voix.
Mais ce nouveau malheur vous prescrit d'autres lois.
Votre fortune[1] change et prend une autre face.
Le roi n'est plus, Madame, il faut prendre sa place.
Sa mort vous laisse un fils à qui vous vous devez[2],
Esclave, s'il vous perd, et roi, si vous vivez.
Sur qui dans son malheur voulez-vous qu'il s'appuie ?
Ses larmes n'auront plus de main qui les essuie.
Et ses cris innocents, portés jusques aux dieux,
Iront contre sa mère irriter ses aïeux[3].
Vivez, vous n'avez plus de reproche à vous faire.
Votre flamme[4] devient une flamme ordinaire.
Thésée en expirant vient de rompre les nœuds,
Qui faisaient tout le crime et l'horreur de vos feux[5].
Hippolyte pour vous devient moins redoutable,
Et vous pouvez le voir sans vous rendre coupable.
Peut-être convaincu de votre aversion

---

1. ***Fortune*** : sort.
2. ***À qui vous vous devez*** : dont vous devez servir les intérêts.
3. ***Ses aïeux*** : ses ancêtres. Minos – père de Phèdre –, Éaque et Rhadamante – oncles de cette dernière – étaient juges aux Enfers. Œnone menace Phèdre des supplices réservés, en ces lieux, aux grands criminels (Sisyphe, Tantale, Ixion…) et que pourraient lui infliger ses oncles s'il la voyaient arriver devant leur tribunal en étant coupable d'avoir abandonné son fils, c'est-à-dire le dernier descendant de leur race.
4. ***Votre flamme*** : votre amour.
5. ***Vos feux*** : votre passion.

Il va donner un chef à la sédition[1].
Détrompez son erreur, fléchissez son courage[2].
Roi de ces bords heureux, Trézène est son partage.
Mais il sait que les lois donnent à votre fils
Les superbes remparts que Minerve a bâtis[3].
Vous avez l'un et l'autre une juste ennemie.
Unissez-vous tous deux pour combattre Aricie.

PHÈDRE

Hé bien ! À tes conseils je me laisse entraîner.
Vivons, si vers la vie on peut me ramener,
Et si l'amour d'un fils en ce moment funeste,
De mes faibles esprits peut ranimer le reste.

FIN DU PREMIER ACTE

---

1. ***Sédition*** : révolte.
2. ***Fléchissez son courage*** : calmez son ardeur à vous combattre.
3. ***Les superbes remparts que Minerve a bâtis*** : Athènes. Œnone engage Phèdre à proposer un partage à Hippolyte : à lui le royaume de Trézène ; au fils de Phèdre celui d'Athènes.

Acte II

Scène première

ARICIE, ISMÈNE

ARICIE

Hippolyte demande à me voir en ce lieu ?
Hippolyte me cherche, et veut me dire adieu ?
Ismène, dis-tu vrai ? N'es-tu point abusée[1] ?

ISMÈNE

C'est le premier effet[2] de la mort de Thésée.
Préparez-vous, Madame, à voir de tous côtés
Voler vers vous les cœurs par Thésée écartés[3].
Aricie à la fin[4] de son sort est maîtresse,
Et bientôt à ses pieds verra toute la Grèce.

ARICIE

Ce n'est donc point, Ismène, un bruit mal affermi[5] ?
Je cesse d'être esclave, et n'ai plus d'ennemi ?

---

1. ***N'es-tu point abusée ?*** : ne te laisses-tu point tromper ?
2. ***Effet*** : conséquence.
3. ***Les cœurs par Thésée écartés*** : les anciens ennemis de Thésée, partisans de la cause des Pallantides.
4. ***À la fin*** : finalement.
5. ***Un bruit mal affermi*** : une rumeur sans fondement.

ISMÈNE

Non, Madame, les dieux ne vous sont plus contraires,
Et Thésée a rejoint les mânes de vos frères[1].

ARICIE

Dit-on quelle aventure[2] a terminé ses jours ?

ISMÈNE

On sème de sa mort d'incroyables discours.
On dit que ravisseur d'une amante nouvelle
Les flots ont englouti cet époux infidèle.
On dit même, et ce bruit est partout répandu,
Qu'avec Pirithoüs[3] aux Enfers descendu
Il a vu le Cocyte[4] et les rivages sombres,
Et s'est montré vivant aux infernales ombres[5] ;
Mais qu'il n'a pu sortir de ce triste séjour,
Et repasser les bords, qu'on passe sans retour.

ARICIE

Croirai-je qu'un mortel avant sa dernière heure
Peut pénétrer des morts la profonde demeure ?
Quel charme l'attirait sur ces bords redoutés ?

ISMÈNE

Thésée est mort, Madame, et vous seule en doutez.
Athènes en gémit, Trézène en est instruite,
Et déjà pour son roi reconnaît Hippolyte.
Phèdre dans ce palais tremblante pour son fils,
De ses amis troublés demande les avis.

---

1. ***Les mânes de vos frères*** : les âmes de vos frères morts.
2. ***Quelle aventure*** : quel accident.
3. ***Pirithoüs*** : compagnon de Thésée (voir note 4, p. 46).
4. ***Cocyte*** : fleuve des Enfers.
5. ***Infernales ombres*** : fantômes des morts, qui hantent les Enfers.

ARICIE

Et tu crois que pour moi plus humain que son père
Hippolyte rendra ma chaîne[1] plus légère ?
Qu'il plaindra mes malheurs ?

ISMÈNE

Madame, je le crois.

ARICIE

L'insensible Hippolyte est-il connu de toi ?
Sur quel frivole espoir penses-tu qu'il me plaigne,
Et respecte en moi seule un sexe[2] qu'il dédaigne ?
Tu vois depuis quel temps il évite nos pas[3],
Et cherche tous les lieux où nous ne sommes pas.

ISMÈNE

Je sais de ses froideurs tout ce que l'on récite.
Mais j'ai vu près de vous ce superbe[4] Hippolyte.
Et même, en le voyant, le bruit de sa fierté[5]
A redoublé pour lui ma curiosité.
Sa présence à ce bruit n'a point paru répondre.
Dès vos premiers regards je l'ai vu se confondre[6].
Ses yeux, qui vainement voulaient vous éviter,
Déjà pleins de langueur[7] ne pouvaient vous quitter.
Le nom d'amant peut-être offense son courage,
Mais il en a les yeux, s'il n'en a le langage.

---

1. Dans le royaume de Thésée, Aricie est une prisonnière politique.
2. ***Un sexe*** : le sexe féminin.
3. ***Nos pas*** : notre présence.
4. ***Superbe*** : fier, orgueilleux.
5. ***Le bruit de sa fierté*** : sa réputation de fierté, d'insensibilité à l'égard des femmes.
6. ***Se confondre*** : se troubler, s'émouvoir.
7. ***Langueur*** : souffrance (amoureuse).

ARICIE

Que mon cœur, chère Ismène, écoute avidement
Un discours, qui peut-être a peu de fondement !
Ô toi ! qui me connais, te semblait-il croyable
Que le triste jouet[1] d'un sort impitoyable,
Un cœur toujours nourri d'amertume et de pleurs,
Dût connaître l'amour, et ses folles douleurs ?
Reste du sang d'un roi, noble fils de la Terre,
Je suis seule échappée aux fureurs de la guerre,
J'ai perdu dans la fleur de leur jeune saison[2]
Six frères, quel espoir d'une illustre maison[3] !
Le fer moissonna tout[4], et la Terre humectée
But à regret le sang des neveux d'Érechthée[5].
Tu sais depuis leur mort quelle sévère loi
Défend à tous les Grecs de soupirer pour moi[6].
On craint que de la sœur les flammes téméraires
Ne raniment un jour la cendre de ses frères.
Mais tu sais bien aussi de quel œil dédaigneux
Je regardais ce soin d'un vainqueur soupçonneux[7].
Tu sais que de tout temps à l'amour opposée,
Je rendais souvent grâce à l'injuste Thésée
Dont l'heureuse rigueur secondait[8] mes mépris.
Mes yeux alors, mes yeux n'avaient pas vu son fils.

---

1. ***Le* [...] *jouet*** : la victime (Aricie parle d'elle-même).
2. ***Jeune saison*** : jeunesse.
3. ***Maison*** : dynastie, la famille des Pallantides.
4. ***Le fer moissonna tout*** : tous périrent par le fer des armes, c'est-à-dire au combat.
5. ***Neveux d'Érechthée*** : descendants d'Érechthée, roi légendaire d'Athènes et fils de la Terre. La Terre étant ainsi la lointaine ancêtre des Pallantides, c'est à regret qu'elle a bu le sang de ses propres descendants.
6. ***Soupirer pour moi*** : demander ma main.
7. ***Ce soin d'un vainqueur soupçonneux*** : les précautions prises par Thésée pour éviter qu'Aricie ne se remarie et ait une descendance.
8. ***Secondait*** : aidait.

Non que par les yeux seuls lâchement enchantée
J'aime en lui sa beauté, sa grâce tant vantée,
Présents[1] dont la nature a voulu l'honorer,
Qu'il méprise lui-même, et qu'il semble ignorer.
J'aime, je prise[2] en lui de plus nobles richesses,
Les vertus de son père, et non point les faiblesses.
J'aime, je l'avouerai, cet orgueil généreux[3]
Qui jamais n'a fléchi sous le joug amoureux[4].
Phèdre en vain s'honorait des soupirs de Thésée[5].
Pour moi, je suis plus fière, et fuis la gloire aisée
D'arracher un hommage à mille autres offert,
Et d'entrer dans un cœur de toutes parts ouvert.
Mais de faire fléchir[6] un courage inflexible,
De porter la douleur dans une âme insensible,
D'enchaîner un captif de ses fers étonné[7],
Contre un joug qui lui plaît vainement mutiné[8] ;
C'est là ce que je veux, c'est là ce qui m'irrite[9].
Hercule à désarmer coûtait moins[10] qu'Hippolyte,
Et vaincu plus souvent, et plus tôt surmonté
Préparait moins de gloire aux yeux qui l'ont dompté.
Mais, chère Ismène, hélas ! quelle est mon imprudence !
On ne m'opposera que trop de résistance.
Tu m'entendras peut-être, humble dans mon ennui[11],

1. ***Présents*** : faveurs.
2. ***Je prise*** : j'estime.
3. ***Généreux*** : noble.
4. ***N'a fléchi sous le joug amoureux*** : n'a succombé à l'amour.
5. ***Des soupirs de Thésée*** : de l'amour que lui témoignait Thésée.
6. ***Fléchir*** : céder.
7. ***De ses fers étonné*** : étonné d'être enchaîné (par l'amour).
8. ***Mutiné*** : révolté.
9. ***M'irrite*** : m'anime, me stimule.
10. ***Hercule à désarmer coûtait moins*** : Hercule était plus facile à désarmer (car plus sensible à l'amour).
11. ***Ennui*** : chagrin, tourment violent.

Gémir du même orgueil que j'admire aujourd'hui.
Hippolyte aimerait ? Par quel bonheur extrême
Aurais-je pu fléchir…

ISMÈNE

Vous l'entendrez lui-même.
Il vient à vous.

Scène 2

HIPPOLYTE, ARICIE, ISMÈNE

HIPPOLYTE

Madame, avant que de partir,
J'ai cru de votre sort vous devoir avertir.
Mon père ne vit plus. Ma juste défiance[1]
Présageait les raisons de sa trop longue absence.
La mort seule bornant ses travaux[2] éclatants
Pouvait à l'univers le cacher si longtemps.
Les dieux livrent enfin à la Parque homicide[3]
L'ami, le compagnon, le successeur d'Alcide[4].
Je crois que votre haine, épargnant ses vertus,
Écoute sans regret ces noms qui lui sont dus.
Un espoir adoucit ma tristesse mortelle.
Je puis vous affranchir d'une austère tutelle[5].

---

1. ***Ma juste défiance*** : mon inquiétude justifiée.
2. ***Travaux*** : exploits.
3. ***La Parque homicide*** : Atropos, l'une des trois Parques – divinités du destin –, celle qui coupe le fil de la vie humaine.
4. ***Alcide*** : voir note 6, p. 53.
5. ***Vous affranchir d'une austère tutelle*** : vous libérer d'une soumission pénible.

Je révoque[1] des lois dont j'ai plaint la rigueur,
Vous pouvez disposer de vous, de votre cœur.
Et dans cette Trézène aujourd'hui mon partage[2],
De mon aïeul Pitthée[3] autrefois l'héritage,
Qui m'a sans balancer[4] reconnu pour son roi,
Je vous laisse aussi libre, et plus libre que moi.

ARICIE

Modérez des bontés, dont l'excès m'embarrasse.
D'un soin si généreux[5] honorer ma disgrâce,
Seigneur, c'est me ranger, plus que vous ne pensez,
Sous ces austères lois, dont vous me dispensez.

HIPPOLYTE

Du choix d'un successeur Athènes incertaine
Parle de vous, me nomme, et le fils de la reine[6].

ARICIE

De moi, Seigneur ?

HIPPOLYTE

Je sais, sans vouloir me flatter,
Qu'une superbe[7] loi semble me rejeter.
La Grèce me reproche une mère étrangère.
Mais si pour concurrent je n'avais que mon frère[8],
Madame, j'ai sur lui de véritables droits
Que je saurais sauver du caprice des lois[9].

---

1. ***Je révoque*** : j'abolis.
2. ***Mon partage*** : la propriété qui me revient de droit.
3. ***Pitthée*** : grand-père de Thésée, fondateur de Trézène.
4. ***Sans balancer*** : sans hésiter.
5. ***Généreux*** : noble.
6. ***La reine*** : Phèdre.
7. ***Superbe*** : orgueilleuse, méprisante.
8. ***Mon frère*** : en réalité le demi-frère d'Hippolyte, fils de Phèdre et de Thésée.
9. ***Que je saurais sauver du caprice des lois*** : que je saurais faire valoir sans tenir compte de la loi qui m'interdit de régner sur Athènes.

Un frein plus légitime arrête mon audace.
Je vous cède, ou plutôt je vous rends une place,
Un sceptre[1], que jadis vos aïeux ont reçu
De ce fameux mortel que la Terre a conçu[2].
L'adoption le[3] mit entre les mains d'Égée[4].
Athènes par mon père accrue, et protégée
Reconnut avec joie un roi si généreux,
Et laissa dans l'oubli vos frères malheureux.
Athènes dans ses murs maintenant vous rappelle.
Assez elle a gémi[5] d'une longue querelle,
Assez dans ses sillons votre sang englouti
A fait fumer le champ dont il était sorti[6].
Trézène m'obéit. Les campagnes de Crète
Offrent au fils de Phèdre une riche retraite.
L'Attique[7] est votre bien. Je pars, et vais pour vous
Réunir tous les vœux partagés entre nous[8].

ARICIE

De tout ce que j'entends étonnée[9] et confuse
Je crains presque, je crains qu'un songe ne m'abuse[10].
Veillé-je[11] ? Puis-je croire un semblable dessein ?

---

1. ***Sceptre*** : bâton, insigne de la royauté.
2. ***Ce fameux mortel que la Terre a conçu*** : Érechthée, fils de la Terre (voir note 5, p. 76).
3. ***Le*** : renvoie à « sceptre ».
4. ***Égée*** : père de Thésée, qui fut adopté par Pandion, le descendant d'Érechthée. En revanche, Pallas, le père d'Aricie, était un fils naturel de Pandion.
5. ***Gémi*** : souffert.
6. ***Le champ dont il était sorti*** : la Terre, ancêtre des Pallantides (voir v. 426 et note 5, p. 76).
7. ***Attique*** : région d'Athènes.
8. ***Tous les vœux partagés entre nous*** : tous les soutiens politiques exprimés soit en faveur d'Hippolyte, soit en faveur d'Aricie (voir v. 326 à 330).
9. ***Étonnée*** : bouleversée.
10. ***Ne m'abuse*** : ne me trompe.
11. ***Veillé-je ?*** : suis-je éveillée ?

Quel dieu, Seigneur, quel dieu l'a mis dans votre sein[1] ?
Qu'à bon droit votre gloire en tous lieux est semée[2] !
Et que la vérité passe[3] la renommée !
Vous-même en ma faveur vous voulez vous trahir !
N'était-ce pas assez de ne me point haïr ?
Et d'avoir si longtemps pu défendre votre âme
De cette inimitié[4]…

HIPPOLYTE

Moi, vous haïr, Madame ?
Avec quelques couleurs qu'on ait peint ma fierté[5],
Croit-on que dans ses flancs un monstre m'ait porté ?
Quelles sauvages mœurs, quelle haine endurcie
Pourrait, en vous voyant, n'être point adoucie ?
Ai-je pu résister au charme décevant[6]…

ARICIE

Quoi, Seigneur ?

HIPPOLYTE

Je me suis engagé trop avant[7].
Je vois que la raison cède à la violence.
Puisque j'ai commencé de rompre le silence,
Madame, il faut poursuivre. Il faut vous informer
D'un secret que mon cœur ne peut plus renfermer.
Vous voyez devant vous un prince déplorable[8],
D'un téméraire orgueil exemple mémorable.

---

1. ***Sein*** : cœur, esprit.
2. ***Semée*** : répandue, racontée.
3. ***Passe*** : dépasse.
4. ***Inimitié*** : ici, haine.
5. ***Avec quelques couleurs qu'on ait peint ma fierté*** : aussi fier qu'on ait pu me décrire.
6. ***Décevant*** : séduisant.
7. ***Je me suis engagé trop avant*** : j'en ai trop dit.
8. ***Déplorable*** : digne de pitié.

Moi, qui contre l'amour fièrement révolté,
Aux fers de ses captifs ai longtemps insulté[1],
Qui des faibles mortels déplorant les naufrages,
Pensais toujours du bord contempler les orages[2],
Asservi maintenant sous la commune loi[3],
Par quel trouble me vois-je emporté loin de moi !
Un moment a vaincu mon audace imprudente.
Cette âme si superbe[4] est enfin dépendante.
Depuis près de six mois honteux, désespéré,
Portant partout le trait[5], dont je suis déchiré,
Contre vous, contre moi vainement je m'éprouve[6].
Présente je vous fuis, absente je vous trouve.
Dans le fond des forêts votre image me suit.
La lumière du jour, les ombres de la nuit,
Tout retrace à mes yeux les charmes que j'évite.
Tout vous livre à l'envi[7] le rebelle Hippolyte.
Moi-même pour tout fruit de mes soins superflus,
Maintenant je me cherche, et ne me trouve plus.
Mon arc, mes javelots, mon char, tout m'importune.
Je ne me souviens plus des leçons de Neptune[8].
Mes seuls gémissements font retentir les bois,
Et mes coursiers oisifs[9] ont oublié ma voix.

---

1. ***Aux fers de ses captifs ai longtemps insulté*** : (moi qui) ai longtemps méprisé les hommes prisonniers de l'amour.
2. Souvenir de Lucrèce, poète et philosophe latin (98-55 av. J.-C.) : « Il est doux, quand les vents troublent au loin les ondes,/ De contempler du bord sur les vagues profondes/ Un naufrage imminent » (*De rerum natura*, trad. André Lefèvre).
3. ***La commune loi*** : la loi de l'amour, commune à tous les hommes.
4. ***Superbe*** : fière, orgueilleuse.
5. ***Trait*** : flèche (de l'amour).
6. ***Vainement je m'éprouve*** : je me mets à l'épreuve, mais sans succès.
7. ***Vous livre à l'envi*** : tout concourt à vous livrer.
8. ***Des leçons de Neptune*** : des leçons d'équitation.
9. ***Mes coursiers oisifs*** : mes chevaux laissés inactifs.

Peut-être le récit d'un amour si sauvage
Vous fait en m'écoutant rougir de votre ouvrage.
D'un cœur qui s'offre à vous quel farouche entretien[1] !
Quel étrange captif pour un si beau lien !
Mais l'offrande à vos yeux en doit être plus chère.
Songez que je vous parle une langue étrangère[2],
Et ne rejetez pas des vœux[3] mal exprimés,
Qu'Hippolyte sans vous n'aurait jamais formés.

Scène 3

HIPPOLYTE, ARICIE, THÉRAMÈNE, ISMÈNE

THÉRAMÈNE

Seigneur, la reine vient, et je l'ai devancée.
Elle vous cherche.

HIPPOLYTE

Moi !

THÉRAMÈNE

J'ignore sa pensée,
Mais on vous est venu demander de sa part.
Phèdre veut vous parler avant votre départ.

HIPPOLYTE

Phèdre ? Que lui dirai-je ? Et que peut-elle attendre…

---

1. ***Farouche entretien*** : discours rustre, sans galanterie.
2. ***Langue étrangère*** : le langage de l'amour, inconnu d'Hippolyte.
3. ***Des vœux*** : ici, une déclaration d'amour.

ARICIE

Seigneur, vous ne pouvez refuser de l'entendre.
Quoique trop convaincu de son inimitié,
Vous devez à ses pleurs quelque ombre[1] de pitié.

HIPPOLYTE

Cependant[2] vous sortez. Et je pars. Et j'ignore
Si je n'offense point les charmes que j'adore.
J'ignore si ce cœur que je laisse en vos mains…

ARICIE

Partez, prince, et suivez vos généreux[3] desseins.
Rendez de mon pouvoir Athènes tributaire[4].
J'accepte tous les dons que vous me voulez faire.
Mais cet empire enfin si grand, si glorieux,
N'est pas de vos présents le plus cher à mes yeux[5].

Scène 4

HIPPOLYTE, THÉRAMÈNE

HIPPOLYTE

Ami, tout est-il prêt ? Mais la reine s'avance.
Va, que pour le départ tout s'arme en diligence.
Fais donner le signal, cours, ordonne, et reviens
Me délivrer bientôt d'un fâcheux entretien[6].

---

1. ***Quelque ombre*** : quelque peu.
2. ***Cependant*** : pendant ce temps.
3. ***Généreux*** : nobles.
4. ***Tributaire*** : dépendante.
5. Aricie sous-entend, non sans coquetterie, que l'amour d'Hippolyte a pour elle plus de prix que le sceptre d'Athènes qu'il remet entre ses mains.
6. ***Un fâcheux entretien*** : une discussion pénible.

Scène 5

PHÈDRE, HIPPOLYTE, ŒNONE

PHÈDRE, *à Œnone*

Le voici. Vers mon cœur tout mon sang se retire.
J'oublie, en le voyant, ce que je viens lui dire.

ŒNONE

Souvenez-vous d'un fils qui n'espère qu'en vous.

PHÈDRE

On dit qu'un prompt départ vous éloigne de nous,
Seigneur. À vos douleurs je viens joindre mes larmes.
Je vous viens pour un fils expliquer mes alarmes[1].
Mon fils n'a plus de père, et le jour n'est pas loin
Qui de ma mort encor doit le rendre témoin.
Déjà mille ennemis attaquent son enfance,
Vous seul pouvez contre eux embrasser[2] sa défense.
Mais un secret remords agite mes esprits.
Je crains d'avoir fermé votre oreille à ses cris.
Je tremble que sur lui votre juste colère
Ne poursuive bientôt une odieuse mère[3].

HIPPOLYTE

Madame, je n'ai point des sentiments si bas.

---

1. ***Mes alarmes*** : mon inquiétude.
2. ***Embrasser*** : ici, prendre.
3. ***Je tremble que sur lui votre juste colère/ Ne poursuive bientôt une odieuse mère*** : je crains que vous ne vous vengiez sur le fils de la conduite odieuse de sa mère.

PHÈDRE

Quand vous me haïriez[1] je ne m'en plaindrais pas,
Seigneur. Vous m'avez vue attachée à vous nuire[2] ;
Dans le fond de mon cœur vous ne pouviez pas lire.
À votre inimitié j'ai pris soin de m'offrir[3].
Aux bords que j'habitais je n'ai pu vous souffrir.
En public, en secret contre vous déclarée[4],
J'ai voulu par des mers en être séparée.
J'ai même défendu par une expresse loi
Qu'on osât prononcer votre nom devant moi.
Si pourtant à l'offense on mesure la peine,
Si la haine peut seule attirer votre haine,
Jamais femme ne fut plus digne de pitié,
Et moins digne, Seigneur, de votre inimitié.

HIPPOLYTE

Des droits de ses enfants une mère jalouse[5]
Pardonne rarement au fils d'une autre épouse.
Madame, je le sais. Les soupçons importuns
Sont d'un second hymen[6] les fruits les plus communs.
Toute autre aurait pour moi pris les mêmes ombrages[7],
Et j'en aurais peut-être essuyé plus d'outrages.

---

1. ***Quand vous me haïriez*** : si vous me haïssiez.
2. ***Attachée à vous nuire*** : prenant soin de vous nuire.
3. ***M'offrir*** : m'exposer.
4. ***Contre vous déclarée*** : montrant de la haine contre vous.
5. ***Jalouse*** : qui défend jalousement (les droits de ses enfants).
6. ***Hymen*** : mariage.
7. ***Toute autre aurait pour moi pris les mêmes ombrages*** : toute autre belle-mère aurait eu la même hostilité à mon égard.

PHÈDRE

Ah, Seigneur ! Que le ciel, j'ose ici l'attester,
De cette loi commune[1] a voulu m'excepter !
Qu'un soin[2] bien différent me trouble, et me dévore !

HIPPOLYTE

Madame, il n'est pas temps de vous troubler encore.
Peut-être votre époux voit encore le jour.
Le ciel peut à nos pleurs accorder son retour.
Neptune le protège, et ce dieu tutélaire[3]
Ne sera pas en vain imploré par mon père.

PHÈDRE

On ne voit point deux fois le rivage des morts,
Seigneur. Puisque Thésée a vu les sombres bords,
En vain vous espérez qu'un dieu vous le renvoie,
Et l'avare Achéron[4] ne lâche point sa proie.
Que dis-je ? Il n'est point mort, puisqu'il respire en vous.
Toujours devant mes yeux je crois voir mon époux.
Je le vois, je lui parle, et mon cœur... Je m'égare,
Seigneur, ma folle ardeur malgré moi se déclare.

HIPPOLYTE

Je vois de votre amour l'effet prodigieux.
Tout mort qu'il est, Thésée est présent à vos yeux.
Toujours de son amour votre âme est embrasée.

---

1. ***Cette loi commune*** : allusion à la haine des marâtres pour leur beau-fils.
2. ***Soin*** : ici, souci.
3. ***Tutélaire*** : protecteur.
4. ***L'avare Achéron*** : l'expression désigne les Enfers (auxquels renvoie le nom «Achéron» – voir note 3, p. 46 –, par synecdoque), qui retiennent comme des avares les morts qu'ils ont accueillis.

PHÈDRE

Oui, prince, je languis[1], je brûle pour Thésée.
Je l'aime, non point tel que l'ont vu les Enfers,
Volage[2] adorateur de mille objets[3] divers,
Qui va du dieu des morts déshonorer la couche[4] ;
Mais fidèle, mais fier, et même un peu farouche,
Charmant, jeune, traînant tous les cœurs après soi,
Tel qu'on dépeint nos dieux, ou tel que je vous vois.
Il avait votre port[5], vos yeux, votre langage.
Cette noble pudeur colorait son visage,
Lorsque de notre Crète il traversa les flots,
Digne sujet des vœux des filles de Minos[6].
Que faisiez-vous alors : Pourquoi sans Hippolyte
Des héros de la Grèce assembla-t-il l'élite ?
Pourquoi trop jeune encor ne pûtes-vous alors
Entrer dans le vaisseau qui le mit sur nos bords ?
Par vous aurait péri le monstre de la Crète[7],
Malgré tous les détours de sa vaste retraite[8].
Pour en développer[9] l'embarras incertain,
Ma sœur du fil fatal[10] eût armé votre main.
Mais non, dans ce dessein je l'aurais devancée.

---

1. ***Languis*** : souffre (d'amour).
2. ***Volage*** : inconstant.
3. ***Objets*** : ici, femmes.
4. Thésée est descendu aux Enfers pour enlever Proserpine, épouse de Pluton (voir note 4, p. 46).
5. ***Port*** : allure.
6. ***Digne sujet des vœux des filles de Minos*** : digne d'être aimé par les filles de Minos (Ariane et Phèdre).
7. ***Le monstre de la Crète*** : le Minotaure (voir note 2, p. 48).
8. ***Les détours de sa vaste retraite*** : les recoins de son vaste repaire (le Labyrinthe).
9. ***Développer*** : débrouiller.
10. ***Fil fatal*** : le fil qu'Ariane, sœur de Phèdre, remit à Thésée pour qu'il le dévidât au fur et à mesure de sa progression dans le Labyrinthe afin d'en retrouver facilement l'entrée.

L'Amour m'en eût d'abord[1] inspiré la pensée.
C'est moi, prince, c'est moi dont l'utile secours
Vous eût du Labyrinthe enseigné les détours.
Que de soins[2] m'eût coûté cette tête[3] charmante !
Un fil n'eût point assez rassuré votre amante.
Compagne du péril qu'il vous fallait chercher,
Moi-même devant vous j'aurais voulu marcher.
Et Phèdre au Labyrinthe avec vous descendue,
Se serait avec vous retrouvée, ou perdue.

HIPPOLYTE

Dieux ! Qu'est-ce que j'entends ? Madame, oubliez-vous
Que Thésée est mon père, et qu'il est votre époux ?

PHÈDRE

Et sur quoi jugez-vous que j'en perds la mémoire,
Prince ? Aurais-je perdu tout le soin de ma gloire[4] ?

HIPPOLYTE

Madame, pardonnez. J'avoue en rougissant,
Que j'accusais à tort un discours innocent[5].
Ma honte ne peut plus soutenir votre vue,
Et je vais…

PHÈDRE

Ah ! cruel, tu m'as trop entendue[6].
Je t'en ai dit assez pour te tirer d'erreur.
Hé bien, connais donc Phèdre et toute sa fureur.

---

1. ***D'abord*** : aussitôt.
2. ***Soins*** : ici, soucis.
3. ***Cette tête*** : Hippolyte.
4. ***Le soin de ma gloire*** : le souci de ma réputation.
5. Hippolyte s'excuse d'avoir soupçonné dans le discours de Phèdre une déclaration d'amour ; en réalité, il a vu juste.
6. ***Tu m'as trop entendue*** : deux sens sont possibles – « j'en ai trop dit » ou « tu m'as trop bien comprise ». Remarquons que Phèdre est passée au tutoiement, imposant ainsi à son interlocuteur une intimité nouvelle.

J'aime. Ne pense pas qu'au moment que je t'aime,
Innocente à mes yeux je m'approuve moi-même,
Ni que du fol amour qui trouble ma raison
Ma lâche complaisance ait nourri le poison[1].
Objet infortuné[2] des vengeances célestes,
Je m'abhorre[3] encor plus que tu ne me détestes.
Les dieux m'en sont témoins, ces dieux qui dans mon flanc
Ont allumé le feu fatal à tout mon sang[4],
Ces dieux qui se sont fait une gloire cruelle
De séduire le cœur d'une faible mortelle.
Toi-même en ton esprit rappelle le passé.
C'est peu de t'avoir fui, cruel, je t'ai chassé.
J'ai voulu te paraître odieuse, inhumaine.
Pour mieux te résister, j'ai recherché ta haine.
De quoi m'ont profité mes inutiles soins[5] ?
Tu me haïssais plus, je ne t'aimais pas moins.
Tes malheurs te prêtaient encor de nouveaux charmes.
J'ai langui, j'ai séché, dans les feux, dans les larmes.
Il suffit de tes yeux pour t'en persuader,
Si tes yeux un moment pouvaient me regarder[6].
Que dis-je ? Cet aveu que je te viens de faire,
Cet aveu si honteux, le crois-tu volontaire ?
Tremblante pour un fils que je n'osais trahir,
Je te venais prier de ne le point haïr.

---

1. ***Ni que du fol amour qui trouble ma raison/*** [...] ***le poison*** : ni que j'aie lâchement pris plaisir à entretenir cet amour insensé.
2. ***Objet infortuné*** : victime.
3. ***Je m'abhorre*** : je me déteste.
4. Phèdre signifie que ce sont les dieux qui, pour se venger de sa famille – de son *sang* –, lui ont inspiré cet amour incestueux.
5. ***Soins*** : ici, efforts.
6. Phèdre fait valoir auprès d'Hippolyte les efforts qu'elle a faits pour résister à sa passion mais, dans un même mouvement, elle lui reproche de ne pas lui prêter suffisamment d'attention !

Faibles projets[1] d'un cœur trop plein de ce qu'il aime !
Hélas ! je ne t'ai pu parler que de toi-même.
Venge-toi, punis-moi d'un odieux amour.
Digne fils du héros qui t'a donné le jour,
Délivre l'univers d'un monstre qui t'irrite.
La veuve de Thésée ose aimer Hippolyte ?
Crois-moi, ce monstre affreux ne doit point t'échapper.
Voilà mon cœur. C'est là que ta main doit frapper.
Impatient déjà d'expier son offense[2]
Au-devant de ton bras je le[3] sens qui s'avance.
Frappe. Ou si tu le crois indigne de tes coups,
Si ta haine m'envie[4] un supplice si doux,
Ou si d'un sang trop vil[5] ta main serait trempée,
Au défaut de ton bras prête-moi ton épée.
Donne.

ŒNONE

Que faites-vous, Madame ? Justes dieux ?
Mais on vient. Évitez des témoins odieux[6],
Venez, rentrez, fuyez une honte certaine.

---

1. ***Faibles projets*** : projets éclipsés par des aveux que dicte la force de sa passion.
2. ***Impatient déjà d'expier son offense*** : impatient de payer pour son crime
3. ***Le*** : renvoie « à mon cœur ».
4. ***M'envie*** : me refuse.
5. ***Vil*** : mauvais, vicieux.
6. ***Témoins odieux*** : témoins dont la présence serait odieuse.

■ Hippolyte (Éric Genovèse) et Phèdre (Martine Chevallier) dans la mise en scène d'Anne Delbée à la Comédie-Française, en 1995 (costumes de Christian Lacroix).

Scène 6

HIPPOLYTE, THÉRAMÈNE

THÉRAMÈNE

Est-ce Phèdre qui fuit, ou plutôt qu'on entraîne ?
Pourquoi, Seigneur, pourquoi ces marques de douleur ?
Je vous vois sans épée, interdit, sans couleur ?

HIPPOLYTE

Théramène, fuyons. Ma surprise est extrême.
Je ne puis sans horreur me regarder moi-même.
Phèdre… Mais non, grands dieux ! Qu'en un profond oubli
Cet horrible secret[1] demeure enseveli !

THÉRAMÈNE

Si vous voulez partir, la voile est préparée.
Mais Athènes, Seigneur, s'est déjà déclarée[2].
Ses chefs ont pris les voix[3] de toutes ses tribus[4].
Votre frère[5] l'emporte, et Phèdre a le dessus.

HIPPOLYTE

Phèdre ?

THÉRAMÈNE

Un héraut[6] chargé des volontés d'Athènes
De l'État en ses mains vient remettre les rênes.
Son fils est roi, Seigneur.

---

1. ***Cet horrible secret*** : l'aveu que Phèdre vient de faire à Hippolyte.
2. ***S'est déjà déclarée*** : a déjà pris parti pour l'un des postulants à la royauté.
3. ***Ont pris les voix*** : ont fait le compte des votes.
4. ***Ses tribus*** : la cité d'Athènes était divisée en dix tribus.
5. ***Votre frère*** : le demi-frère d'Hippolyte, fils de Phèdre.
6. ***Héraut*** : messager officiel.

HIPPOLYTE

Dieux, qui la connaissez,
Est-ce donc sa vertu que vous récompensez ?

THÉRAMÈNE

Cependant un bruit sourd veut que le roi respire[1].
On prétend que Thésée a paru dans l'Épire[2].
Mais moi qui l'y cherchai, Seigneur, je sais trop bien...

HIPPOLYTE

N'importe, écoutons tout, et ne négligeons rien.
Examinons ce bruit, remontons à sa source.
S'il ne mérite pas d'interrompre ma course[3],
Partons, et quelque prix qu'il en puisse coûter,
Mettons le sceptre aux mains dignes de le porter[4].

FIN DU DEUXIÈME ACTE

---

1. ***Cependant un bruit sourd veut que le roi respire*** : mais une rumeur prétend que le roi vit encore.
2. ***Épire*** : voir note 2, p. 46.
3. ***S'il ne mérite pas d'interrompre ma course*** : si ce bruit (cette rumeur) n'est pas assez fondé pour me faire rester à Trézène.
4. ***Aux mains dignes de le porter*** : dans les mains d'Aricie; voir v. 494 *sq*.

Acte III

Scène première

PHÈDRE, ŒNONE

PHÈDRE

Ah ! que l'on porte ailleurs les honneurs[1] qu'on m'envoie.
Importune, peux-tu souhaiter qu'on me voie ?
De quoi viens-tu flatter mon esprit désolé[2] ?
Cache-moi bien plutôt, je n'ai que trop parlé.
Mes fureurs au-dehors ont osé se répandre.
J'ai dit ce que jamais on ne devait entendre.
Ciel ! comme il m'écoutait ! Par combien de détours[3]
L'insensible a longtemps éludé[4] mes discours !
Comme il ne respirait qu'une retraite prompte[5] !
Et combien sa rougeur a redoublé ma honte !
Pourquoi détournais-tu mon funeste dessein[6] ?
Hélas ! Quand son épée allait chercher mon sein,

1. ***Honneurs*** : insignes de la royauté.
2. ***Désolé*** : désespéré.
3. ***Détours*** : ruses.
4. ***Éludé*** : évité.
5. ***Respirait une retraite prompte*** : désirait se retirer rapidement.
6. ***Mon funeste dessein*** : le projet de suicide, dont Œnone a dissuadé Phèdre.

A-t-il pâli pour moi ? Me l'a-t-il arrachée[1] ?
Il suffit que ma main l'ait une fois touchée,
Je l'ai rendue horrible à ses yeux inhumains,
Et ce fer malheureux profanerait[2] ses mains.

ŒNONE

Ainsi dans vos malheurs ne songeant qu'à vous plaindre,
Vous nourrissez un feu[3], qu'il vous faudrait éteindre.
Ne vaudrait-il pas mieux, digne sang de Minos[4],
Dans de plus nobles soins[5] chercher votre repos,
Contre un ingrat qui plaît recourir à la fuite[6],
Régner, et de l'État embrasser[7] la conduite ?

PHÈDRE

Moi régner ! Moi ranger un État sous ma loi !
Quand ma faible raison ne règne plus sur moi,
Lorsque j'ai de mes sens abandonné l'empire,
Quand sous un joug honteux[8] à peine je respire,
Quand je me meurs.

ŒNONE

Fuyez.

PHÈDRE

Je ne le puis quitter.

---

1. Phèdre déplore qu'Hippolyte n'ait pas cherché à lui reprendre son épée pour l'empêcher de se donner la mort.
2. ***Profanerait*** : souillerait.
3. ***Un feu*** : une passion.
4. Voir note 1, p. 48.
5. ***Soins*** : ici, efforts.
6. ***Contre un ingrat qui plaît recourir à la fuite*** : fuir celui qu'on aime et qui ne nous aime pas.
7. ***Embrasser*** : ici, s'occuper de.
8. ***Un joug honteux*** : son amour incestueux. Phèdre ne peut régner puisqu'elle est elle-même asservie à sa passion.

ŒNONE

Vous l'osâtes bannir, vous n'osez l'éviter[1].

PHÈDRE

Il n'est plus temps. Il sait mes ardeurs insensées.
De l'austère pudeur les bornes sont passées[2].
J'ai déclaré ma honte aux yeux de mon vainqueur,
Et l'espoir malgré moi s'est glissé dans mon cœur.
Toi-même rappelant ma force défaillante,
Et mon âme déjà sur mes lèvres errante[3],
Par tes conseils flatteurs tu m'as su ranimer,
Tu m'as fait entrevoir que je pouvais l'aimer.

ŒNONE

Hélas ! de vos malheurs innocente ou coupable,
De quoi pour vous sauver n'étais-je point capable ?
Mais si jamais l'offense irrita vos esprits,
Pouvez-vous d'un superbe[4] oublier les mépris ?
Avec quels yeux cruels sa rigueur obstinée
Vous laissait à ses pieds peu s'en faut[5] prosternée !
Que son farouche orgueil le rendait odieux !
Que Phèdre en ce moment n'avait-elle mes yeux[6] !

PHÈDRE

Œnone, il peut quitter cet orgueil qui te blesse.
Nourri dans les forêts, il en a la rudesse.
Hippolyte endurci par de sauvages lois

---

1. Construction elliptique qui signifie « alors que vous avez trouvé autrefois le courage de le chasser, vous n'avez plus aujourd'hui celui de l'éviter ».

2. ***Passées*** : dépassées.

3. ***Et mon âme déjà sur mes lèvres errante*** : et mon dernier souffle de vie prêt à s'échapper.

4. ***D'un superbe*** : d'un orgueilleux. Il s'agit d'Hippolyte.

5. ***Peu s'en faut*** : presque.

6. ***Mes yeux*** : ma façon de voir la situation, mon jugement.

Entend parler d'amour pour la première fois.
Peut-être sa surprise a causé son silence,
Et nos plaintes peut-être ont trop de violence.

ŒNONE

Songez qu'une barbare[1] en son sein l'a formé.

PHÈDRE

Quoique Scythe[2] et barbare, elle a pourtant aimé.

ŒNONE

Il a pour tout le sexe[3] une haine fatale.

PHÈDRE

Je ne me verrai point préférer de rivale.
Enfin, tous ces conseils ne sont plus de saison[4].
Sers ma fureur, Œnone, et non point ma raison.
Il oppose à l'amour un cœur inaccessible.
Cherchons pour l'attaquer quelque endroit plus sensible.
Les charmes d'un empire ont paru le toucher.
Athènes l'attirait, il n'a pu s'en cacher.
Déjà de ses vaisseaux la pointe était tournée[5],
Et la voile flottait aux vents abandonnée.
Va trouver de ma part ce jeune ambitieux,
Œnone. Fais briller la couronne à ses yeux[6].
Qu'il mette sur son front le sacré diadème[7].
Je ne veux que l'honneur de l'attacher moi-même.

---

1. ***Une barbare*** : pour les Anciens était « barbare » tout peuple qui ne parlait pas grec ou latin.
2. ***Scythe*** : voir note 2, p. 61.
3. ***Le sexe*** : le genre féminin.
4. ***Ne sont plus de saison*** : viennent trop tard.
5. ***Déjà de ses vaisseaux la pointe était tournée*** : ses navires étaient déjà dirigés vers Athènes.
6. ***Fais briller la couronne à ses yeux*** : attire-le en lui proposant le règne.
7. ***Le sacré diadème*** : la couronne sacrée.

Cédons-lui ce pouvoir que je ne puis garder.
Il instruira mon fils dans l'art de commander.
Peut-être il voudra bien lui tenir lieu de père.
Je mets sous son pouvoir et le fils et la mère.
Pour le fléchir enfin tente tous les moyens.
Tes discours trouveront plus d'accès que les miens.
Presse, pleure, gémis, plains-lui Phèdre mourante.
Ne rougis point de prendre une voix suppliante.
Je t'avouerai de tout, je n'espère qu'en toi.
Va, j'attends ton retour pour disposer de moi[1].

Scène 2

PHÈDRE *seule*

Ô toi ! qui vois la honte où je suis descendue,
Implacable[2] Vénus, suis-je assez confondue[3] ?
Tu ne saurais plus loin pousser ta cruauté.
Ton triomphe est parfait, tous tes traits[4] ont porté.
Cruelle, si tu veux une gloire nouvelle,
Attaque un ennemi qui te soit plus rebelle.
Hippolyte te fuit, et bravant ton courroux[5],
Jamais à tes autels n'a fléchi les genoux[6].
Ton nom semble offenser ses superbes[7] oreilles.

---

1. ***Pour disposer de moi*** : pour prendre ou non la décision de me suicider.
2. ***Implacable*** : qu'on ne peut apaiser, inflexible.
3. ***Confondue*** : humiliée.
4. ***Traits*** : flèches (de l'amour).
5. ***Bravant ton courroux*** : défiant ta colère.
6. ***Jamais à tes autels n'a fléchi les genoux*** : ne t'a jamais rendu hommage (en tombant amoureux).
7. ***Superbes*** : fières, orgueilleuses.

Déesse, venge-toi, nos causes sont pareilles[1].
Qu'il aime. Mais déjà tu reviens sur tes pas,
Œnone ? On me déteste, on ne t'écoute pas.

Scène 3

PHÈDRE, ŒNONE

ŒNONE

Il faut d'un vain amour étouffer la pensée,
Madame. Rappelez[2] votre vertu passée.
Le roi, qu'on a cru mort, va paraître à vos yeux,
Thésée est arrivé. Thésée est en ces lieux.
Le peuple, pour le voir, court et se précipite.
Je sortais par votre ordre, et cherchais Hippolyte,
Lorsque jusques au ciel mille cris élancés…

PHÈDRE

Mon époux est vivant, Œnone, c'est assez.
J'ai fait l'indigne aveu d'un amour qui l'outrage.
Il vit. Je ne veux pas en savoir davantage.

ŒNONE

Quoi ?

PHÈDRE

Je te l'ai prédit, mais tu n'as pas voulu.
Sur mes justes remords tes pleurs ont prévalu[3].

1. ***Nos causes sont pareilles*** : nous partageons les mêmes intérêts.
2. ***Rappelez*** : revenez à.
3. ***Sur mes justes remords tes pleurs ont prévalu*** : tes supplications l'ont emporté sur la honte légitime que m'inspirait mon amour.

Je mourais ce matin digne d'être pleurée[1].
J'ai suivi tes conseils, je meurs déshonorée.

ŒNONE

Vous mourez ?

PHÈDRE

Juste Ciel ! Qu'ai-je fait aujourd'hui ?
Mon époux va paraître, et son fils avec lui.
Je verrai le témoin de ma flamme[2] adultère
Observer de quel front j'ose aborder son père,
Le cœur gros de soupirs, qu'il n'a point écoutés,
L'œil humide de pleurs, par l'ingrat rebutés[3].
Penses-tu que sensible à l'honneur[4] de Thésée,
Il lui cache l'ardeur dont je suis embrasée ?
Laissera-t-il trahir et son père et son roi ?
Pourra-t-il contenir[5] l'horreur qu'il a pour moi ?
Il se tairait en vain. Je sais mes perfidies[6],
Œnone, et ne suis point de ces femmes hardies[7],
Qui goûtant dans le crime une tranquille paix
Ont su se faire un front qui ne rougit jamais[8].
Je connais mes fureurs, je les rappelle toutes.
Il me semble déjà que ces murs, que ces voûtes
Vont prendre la parole, et prêts à m'accuser
Attendent mon époux, pour le désabuser[9].

---

1. ***Je mourais ce matin digne d'être pleurée*** : si j'étais morte ce matin (avant l'aveu), mon honneur aurait été sauf.
2. ***Ma flamme*** : mon amour.
3. ***Rebutés*** : repoussés.
4. ***Sensible à l'honneur*** : soucieux de préserver l'honneur.
5. ***Contenir*** : ne rien laisser paraître de.
6. ***Perfidies*** : infidélités.
7. ***Hardies*** : sans peur (de la honte).
8. ***Qui ne rougit jamais*** : qui ne rougit jamais de honte.
9. ***Le désabuser*** : le détromper sur ma fidélité.

Mourons. De tant d'horreurs, qu'un trépas[1] me délivre.
Est-ce un malheur si grand, que de cesser de vivre ?
La mort aux malheureux ne cause point d'effroi.
Je ne crains que le nom[2] que je laisse après moi.
Pour mes tristes enfants quel affreux héritage !
Le sang de Jupiter doit enfler leur courage.
Mais quelque juste orgueil qu'inspire un sang si beau[3],
Le crime d'une mère est un pesant fardeau.
Je tremble qu'un discours, hélas ! trop véritable,
Un jour ne leur reproche une mère coupable.
Je tremble qu'opprimés de ce poids odieux,
L'un ni l'autre jamais n'ose lever les yeux.

ŒNONE

Il n'en faut point douter, je les plains l'un et l'autre.
Jamais crainte ne fut plus juste que la vôtre.
Mais à de tels affronts[4], pourquoi les exposer ?
Pourquoi contre vous-même allez-vous déposer[5] ?
C'en est fait. On dira que Phèdre trop coupable,
De son époux trahi fuit l'aspect redoutable.
Hippolyte est heureux qu'aux dépens de vos jours[6],
Vous-même en expirant appuyez ses discours[7].
À votre accusateur, que pourrai-je répondre ?
Je serai devant lui trop facile à confondre[8].
De son triomphe affreux je le verrai jouir,

---

1. ***Un trépas*** : une mort.
2. ***Le nom*** : la réputation.
3. ***Quelque juste orgueil qu'inspire un sang si beau*** : aussi fiers soient-ils d'être les descendants de Jupiter.
4. ***Affronts*** : humiliations.
5. ***Pourquoi contre vous-même allez-vous déposer*** : pourquoi vous accuser vous-même en vous donnant la mort.
6. ***Qu'aux dépens de vos jours*** : qu'en payant de votre vie.
7. ***Appuyez ses discours*** : donnez raison à ses accusations.
8. ***Confondre*** : démasquer, vaincre.

Et conter votre honte[1] à qui voudra l'ouïr.
Ah ! que plutôt du ciel la flamme me dévore !
Mais ne me trompez point, vous est-il cher encore ?
De quel œil voyez-vous ce prince audacieux ?

PHÈDRE

Je le vois comme un monstre effroyable à mes yeux.

ŒNONE

Pourquoi donc lui céder une victoire entière ?
Vous le craignez... Osez l'accuser la première
Du crime dont il peut vous charger[2] aujourd'hui.
Qui[3] vous démentira ? Tout parle contre lui.
Son épée en vos mains heureusement laissée,
Votre trouble présent, votre douleur passée,
Son père par vos cris dès longtemps prévenu[4],
Et déjà son exil par vous-même obtenu.

PHÈDRE

Moi, que j'ose opprimer et noircir l'innocence !

ŒNONE

Mon zèle[5] n'a besoin que de votre silence.
Tremblante comme vous, j'en[6] sens quelque remords.
Vous me verriez plus prompte[7] affronter mille morts.
Mais puisque je vous perds sans ce triste remède[8],
Votre vie est pour moi d'un prix à qui tout cède.

---

1. ***Conter votre honte*** : raconter votre histoire honteuse.
2. ***Charger*** : accuser.
3. ***Qui*** : qu'est-ce qui.
4. ***Dès longtemps prévenu*** : rendu soupçonneux depuis longtemps.
5. ***Zèle*** : dévouement.
6. ***En*** : renvoie à l'intention d'« opprimer et noircir l'innocence ».
7. ***Prompte*** : rapidement.
8. ***Ce triste remède*** : cette solution honteuse (l'accusation diffamatoire).

Je parlerai. Thésée aigri par mes avis[1],
Bornera sa vengeance à l'exil de son fils.
Un père, en punissant, Madame, est toujours père.
Un supplice léger suffit à sa colère.
Mais le sang innocent dût-il être versé[2],
Que ne demande point votre honneur menacé ?
C'est un trésor trop cher pour oser le commettre[3].
Quelque loi qu'il vous dicte, il faut vous y soumettre,
Madame, et pour sauver notre honneur combattu,
Il faut immoler[4] tout, et même la vertu.
On vient, je vois Thésée.

PHÈDRE

Ah ! je vois Hippolyte.
Dans ses yeux insolents je vois ma perte écrite.
Fais ce que tu voudras, je m'abandonne à toi.
Dans le trouble où je suis, je ne puis rien pour moi.

Scène 4

THÉSÉE, HIPPOLYTE, PHÈDRE, ŒNONE, THÉRAMÈNE

THÉSÉE

La fortune[5] à mes yeux cesse d'être opposée,
Madame, et dans vos bras met…

---

1. ***Aigri par mes avis*** : irrité par ce que je lui apprendrai.
2. ***Le sang innocent dût-il être versé*** : même si un sang innocent devait être versé.
3. ***Pour oser le commettre*** : pour risquer de le mettre en danger.
4. ***Immoler*** : sacrifier.
5. ***La fortune*** : le sort, la chance.

PHÈDRE

Arrêtez, Thésée,
Et ne profanez point des transports[1] si charmants.
Je ne mérite plus ces doux empressements[2].
Vous êtes offensé. La fortune jalouse
N'a pas en votre absence épargné votre épouse,
Indigne de vous plaire, et de vous approcher,
Je ne dois désormais songer qu'à me cacher.

Scène 5

THÉSÉE, HIPPOLYTE, THÉRAMÈNE

THÉSÉE

Quel est l'étrange accueil qu'on fait à votre père,
Mon fils ?

HIPPOLYTE

Phèdre peut seule expliquer ce mystère.
Mais si mes vœux ardents[3] vous peuvent émouvoir,
Permettez-moi, Seigneur, de ne la plus revoir.
Souffrez que pour jamais le tremblant Hippolyte
Disparaisse des lieux que votre épouse habite.

THÉSÉE

Vous, mon fils, me quitter ?

---

1. ***Transports*** : ici, manifestations de joie.
2. ***Empressements*** : témoignages d'affection.
3. ***Mes vœux ardents*** : mes prières pressantes.

HIPPOLYTE

Je ne la cherchais pas,
C'est vous qui sur ces bords conduisîtes ses pas.
Vous daignâtes[1], Seigneur, aux rives de Trézène
Confier en partant Aricie, et la reine.
Je fus même chargé du soin de les garder.
Mais quels soins désormais peuvent me retarder[2] ?
Assez dans les forêts mon oisive jeunesse,
Sur de vils ennemis[3] a montré son adresse.
Ne pourrai-je en fuyant un indigne repos,
D'un sang plus glorieux teindre mes javelots ?
Vous n'aviez pas encore atteint l'âge où je touche[4],
Déjà plus d'un tyran, plus d'un monstre farouche
Avait de votre bras senti la pesanteur[5].
Déjà de l'insolence[6] heureux persécuteur,
Vous aviez des deux mers[7] assuré les rivages.
Le libre voyageur ne craignait plus d'outrages.
Hercule respirant sur le bruit de vos coups[8],
Déjà de son travail se reposait sur vous.
Et moi, fils inconnu d'un si glorieux père,
Je suis même encor loin des traces de ma mère.
Souffrez que mon courage ose enfin s'occuper.
Souffrez, si quelque monstre a pu vous échapper,
Que j'apporte à vos pieds sa dépouille[9] honorable ;

---

1. ***Vous daignâtes*** : vous avez bien voulu.
2. ***Quels soins désormais peuvent me retarder*** : quelles autres obligations peuvent désormais me retenir ici ?
3. ***De vils ennemis*** : les animaux poursuivis au cours de la chasse.
4. ***L'âge où je touche*** : l'âge que j'atteins moi-même.
5. ***Pesanteur*** : puissance.
6. En l'occurrence, celle des brigands.
7. ***Des deux mers*** : voir note 6, p. 49.
8. ***Hercule respirant sur le bruit de vos coups*** : Hercule ayant quelque répit à l'annonce de vos exploits.
9. ***Sa dépouille*** : son cadavre.

Ou que d'un beau trépas[1] la mémoire durable,
Éternisant des jours si noblement finis,
Prouve à tout l'avenir que j'étais votre fils.

THÉSÉE

Que vois-je ? Quelle horreur dans ces lieux répandue
Fait fuir devant mes yeux ma famille éperdue[2] ?
Si je reviens si craint, et si peu désiré,
Ô ciel ! de ma prison pourquoi m'as-tu tiré ?
Je n'avais qu'un ami[3]. Son imprudente flamme[4]
Du tyran de l'Épire allait ravir la femme[5].
Je servais à regret ses desseins amoureux.
Mais le sort irrité[6] nous aveuglait tous deux.
Le tyran m'a surpris sans défense et sans armes.
J'ai vu Pirithoüs, triste objet de mes larmes,
Livré par ce barbare à des monstres cruels,
Qu'il nourrissait du sang des malheureux mortels.
Moi-même il m'enferma dans des cavernes sombres,
Lieux profonds, et voisins de l'empire des ombres[7].
Les dieux après six mois enfin m'ont regardé[8].
J'ai su tromper les yeux de qui j'étais gardé.
D'un perfide ennemi j'ai purgé la nature[9].

---

1. ***Trépas*** : mort.
2. ***Éperdue*** : en détresse.
3. Il s'agit de Pirithoüs (voir note 4, p. 46).
4. ***Son imprudente flamme*** : son amour imprudent.
5. ***Du tyran de l'Épire allait ravir la femme*** : allait enlever l'épouse du tyran de l'Épire. Le récit de Thésée donne ici une version réaliste de l'épisode de la descente aux Enfers ; jusque-là, tous les protagonistes s'étaient tenus à une version fabuleuse de cette histoire.
6. ***Le sort irrité*** : le destin irrité contre nous.
7. ***L'empire des ombre****s* : les Enfers.
8. ***M'ont regardé*** : se sont intéressés à moi.
9. ***D'un perfide ennemi j'ai purgé la nature*** : j'ai débarrassé le monde d'un ennemi sans foi ni loi.

À ses monstres lui-même[1] a servi de pâture[2].
Et lorsque avec transport[3] je pense m'approcher
De tout ce que les dieux m'ont laissé de plus cher ;
Que dis-je ? Quand mon âme à soi-même rendue
Vient se rassasier d'une si chère vue[4] ;
Je n'ai pour tout accueil que des frémissements.
Tout fuit, tout se refuse à mes embrassements.
Et moi-même éprouvant la terreur que j'inspire,
Je voudrais être encor dans les prisons d'Épire.
Parlez. Phèdre se plaint que je suis outragé.
Qui m'a trahi ? Pourquoi ne suis-je pas vengé ?
La Grèce, à qui mon bras fut tant de fois utile,
A-t-elle au criminel accordé quelque asile[5] ?
Vous ne répondez point. Mon fils, mon propre fils
Est-il d'intelligence avec[6] mes ennemis ?
Entrons. C'est trop garder un doute qui m'accable.
Connaissons à la fois le crime et le coupable.
Que Phèdre explique enfin le trouble où je la vois.

Scène 6

HIPPOLYTE, THÉRAMÈNE

HIPPOLYTE

Où tendait ce discours qui m'a glacé d'effroi ?
Phèdre toujours en proie à sa fureur extrême,

1. ***Lui-même*** : renvoie à « un perfide ennemi » (le tyran de l'Épire).
2. ***Pâture*** : nourriture.
3. ***Avec transport*** : ici, avec joie.
4. ***Se rassasier d'une si chère vue*** : profiter du plaisir de revoir sa famille.
5. ***Asile*** : refuge.
6. ***D'intelligence avec*** : complice de.

■ Antoine Vitez interprète Thésée dans sa propre mise en scène au théâtre des Quartiers d'Ivry, en 1975.

Veut-elle s'accuser et se perdre elle-même ?
Dieux ! que dira le roi ? Quel funeste poison
L'amour a répandu sur toute sa maison !
Moi-même plein d'un feu que sa haine réprouve[1],
Quel il m'a vu jadis, et quel il me retrouve[2] !
De noirs pressentiments viennent m'épouvanter.
Mais l'innocence enfin n'a rien à redouter.
Allons, cherchons ailleurs par quelle heureuse adresse
Je pourrai de mon père émouvoir la tendresse,
Et lui dire un amour qu'il peut vouloir troubler,
Mais que tout son pouvoir ne saurait ébranler.

FIN DU TROISIÈME ACTE

1. Allusion à l'amour d'Hippolyte pour Aricie.
2. ***Quel il m'a vu jadis et quel il me retrouve*** : quel homme j'étais lorsqu'il est parti, et quel homme (différent) je suis lorsqu'il me retrouve !

Acte IV

Scène première

THÉSÉE, ŒNONE

THÉSÉE

Ah ! Qu'est-ce que j'entends ? Un traître, un téméraire
Préparait cet outrage à l'honneur de son père ?
Avec quelle rigueur, destin, tu me poursuis !
Je ne sais où je vais, je ne sais où je suis.
Ô tendresse ! Ô bonté trop mal récompensée !
Projet audacieux ! détestable pensée !
Pour parvenir au but de ses noires amours,
L'insolent de la force empruntait le secours[1].
J'ai reconnu le fer, instrument de sa rage,
Ce fer dont je l'armai pour un plus noble usage.
Tous les liens du sang n'ont pu le retenir !
Et Phèdre différait à le faire punir !
Le silence de Phèdre épargnait le coupable !

ŒNONE

Phèdre épargnait plutôt un père déplorable[2].
Honteuse du dessein d'un amant furieux[3],

1. ***De la force empruntait le secours*** : recourait à la force.
2. ***Déplorable*** : qui inspire la pitié.
3. ***Furieux*** : rendu fou par la passion amoureuse.

Et du feu criminel qu'il a pris dans ses yeux[1],
Phèdre mourait, Seigneur, et sa main meurtrière
Éteignait de ses yeux l'innocente lumière.
J'ai vu lever le bras, j'ai couru la sauver.
Moi seule à votre amour j'ai su la conserver;
Et plaignant à la fois son trouble et vos alarmes[2],
J'ai servi malgré moi d'interprète à ses larmes.

THÉSÉE

Le perfide! Il n'a pu s'empêcher de pâlir.
De crainte en m'abordant je l'ai vu tressaillir.
Je me suis étonné de son peu d'allégresse[3].
Ses froids embrassements ont glacé ma tendresse.
Mais ce coupable amour dont il est dévoré,
Dans Athènes déjà s'était-il déclaré?

ŒNONE

Seigneur, souvenez-vous des plaintes de la reine.
Un amour criminel causa toute sa haine[4].

THÉSÉE

Et ce feu dans Trézène a donc recommencé?

ŒNONE

Je vous ai dit, Seigneur, tout ce qui s'est passé.
C'est trop laisser la reine à sa douleur mortelle.
Souffrez que je vous quitte et me range auprès d'elle.

---

1. ***Du feu*** [...] ***qu'il a pris dans ses yeux*** : de l'amour que les yeux de Phèdre lui ont inspiré.

2. ***Vos alarmes*** : votre inquiétude.

3. ***Allégresse*** : joie.

4. Œnone insinue que Phèdre a décidé de bannir Hippolyte parce que ce dernier lui avait avoué son amour (voir v. 891).

Scène 2

THÉSÉE, HIPPOLYTE

THÉSÉE

Ah ! le voici, grands dieux ! À ce noble maintien[1]
Quel œil ne serait pas trompé comme le mien ?
Faut-il que sur le front d'un profane adultère
Brille de la vertu le sacré caractère ?
Et ne devrait-on pas à des signes certains
Reconnaître le cœur des perfides humains ?

HIPPOLYTE

Puis-je vous demander quel funeste nuage[2],
Seigneur, a pu troubler votre auguste[3] visage ?
N'osez-vous confier ce secret à ma foi[4] ?

THÉSÉE

Perfide, oses-tu bien te montrer devant moi ?
Monstre, qu'a trop longtemps épargné le tonnerre,
Reste impur des brigands dont j'ai purgé la terre.
Après que le transport d'un amour plein d'horreur,
Jusqu'au lit de ton père a porté sa fureur,
Tu m'oses présenter une tête ennemie,
Tu parais dans des lieux pleins de ton infamie[5],
Et ne vas pas chercher sous un ciel inconnu
Des pays où mon nom ne soit point parvenu !
Fuis, traître. Ne viens point braver ici ma haine,
Et tenter un courroux que je retiens à peine[6].

---

1. ***Maintien*** : allure.
2. ***Funeste nuage*** : sombre préoccupation.
3. ***Auguste*** : majestueux, royal.
4. ***Foi*** : confiance.
5. ***Infamie*** : déshonneur.
6. ***À peine*** : avec difficulté.

C'est bien assez pour moi de l'opprobre[1] éternel
D'avoir pu mettre au jour un fils si criminel,
Sans que ta mort encor, honteuse à ma mémoire[2],
De mes nobles travaux vienne souiller la gloire.
Fuis. Et si tu ne veux qu'un châtiment soudain[3]
T'ajoute aux scélérats[4] qu'a punis cette main,
Prends garde que jamais l'astre qui nous éclaire
Ne te voie en ces lieux mettre un pied téméraire.
Fuis, dis-je, et sans retour précipitant tes pas,
De ton horrible aspect purge tous mes États.
Et toi, Neptune, et toi, si jadis mon courage
D'infâmes assassins nettoya ton rivage[5],
Souviens-toi que pour prix de mes efforts heureux,
Tu promis d'exaucer le premier de mes vœux.
Dans les longues rigueurs d'une prison cruelle[6]
Je n'ai point imploré ta puissance immortelle.
Avare du secours que j'attends de tes soins[7]
Mes vœux t'ont réservé pour de plus grands besoins.
Je t'implore aujourd'hui. Venge un malheureux père.
J'abandonne ce traître à toute ta colère.
Étouffe dans son sang ses désirs effrontés.
Thésée à tes fureurs connaîtra[8] tes bontés.

---

1. ***Opprobre*** : honte.
2. ***Honteuse à ma mémoire*** : qui déshonorera ma mémoire.
3. ***Soudain*** : immédiat.
4. ***Scélérats*** : criminels.
5. Dieu des Mers et des Océans, Neptune (dans la mythologie romaine) règne sur les eaux.
6. Allusion à la prison du roi d'Épire, d'où revient le héros.
7. ***Avare du secours que j'attends de tes soins*** : repoussant toujours l'usage de ce vœu précieux que Neptune lui a promis d'exaucer (comme un avare repousse la dépense de son argent).
8. ***Connaîtra*** : reconnaîtra.

HIPPOLYTE

D'un amour criminel Phèdre accuse Hippolyte ?
Un tel excès d'horreur rend mon âme interdite[1] ;
Tant de coups imprévus m'accablent à la fois,
Qu'ils m'ôtent la parole, et m'étouffent la voix.

THÉSÉE

Traître, tu prétendais qu'en un lâche silence,
Phèdre ensevelirait ta brutale insolence[2].
Il fallait en fuyant ne pas abandonner
Le fer, qui dans ses mains aide à te condamner.
Ou plutôt il fallait, comblant ta perfidie[3],
Lui ravir tout d'un coup la parole et la vie.

HIPPOLYTE

D'un mensonge si noir justement irrité,
Je devrais faire ici parler la vérité,
Seigneur. Mais je supprime un secret qui vous touche[4].
Approuvez le respect qui me ferme la bouche ;
Et sans vouloir vous-même augmenter vos ennuis[5],
Examinez ma vie, et songez qui je suis.
Quelques crimes toujours précèdent les grands crimes.
Quiconque a pu franchir les bornes légitimes[6],
Peut violer enfin les droits les plus sacrés.
Ainsi que la vertu, le crime a ses degrés.
Et jamais on n'a vu la timide innocence
Passer subitement à l'extrême licence[7].

---

1. ***Interdite*** : paralysée, muette.
2. ***Qu'en un lâche silence,/ Phèdre ensevelirait ta brutale insolence*** : que le silence de Phèdre ferait oublier ton forfait.
3. ***Comblant ta perfidie*** : en poussant à l'extrême ta scélératesse.
4. ***Je supprime un secret qui vous touche*** : j'efface, en ne le divulguant pas, un secret qui vous concerne.
5. ***Ennuis*** : tourments violents.
6. ***Les bornes légitimes*** : les limites du droit et de la morale.
7. ***Licence*** : liberté excessive, mépris des lois.

Un jour seul ne fait point d'un mortel vertueux
Un perfide assassin, un lâche incestueux[1].
Élevé dans le sein d'une chaste[2] héroïne,
Je n'ai point de son sang démenti l'origine[3].
Pitthée[4] estimé sage entre tous les humains,
Daigna m'instruire encore au sortir de ses mains[5].
Je ne veux point me peindre avec trop d'avantage ;
Mais si quelque vertu m'est tombée en partage,
Seigneur, je crois surtout avoir fait éclater[6]
La haine des forfaits[7] qu'on ose m'imputer.
C'est par là qu'Hippolyte est connu dans la Grèce[8].
J'ai poussé la vertu jusques à la rudesse.
On sait de mes chagrins[9] l'inflexible rigueur.
Le jour n'est pas plus pur que le fond de mon cœur,
Et l'on veut qu'Hippolyte épris d'un feu profane…

THÉSÉE

Oui, c'est ce même orgueil, lâche, qui te condamne.
Je vois de tes froideurs le principe[10] odieux.
Phèdre seule charmait tes impudiques[11] yeux.
Et pour tout autre objet ton âme indifférente
Dédaignait[12] de brûler d'une flamme[13] innocente.

---

1. Première occurrence du champ lexical de l'inceste.
2. ***Chaste*** : pure.
3. ***Je n'ai point de son sang démenti l'origine*** : je me suis montré digne de sa lignée.
4. ***Pitthée*** : voir note 3, p. 79.
5. ***De ses mains*** : des mains d'Antiope.
6. ***Avoir fait éclater*** : avoir montré au grand jour.
7. ***Forfaits*** : crimes.
8. Hippolyte a la réputation d'être chaste.
9. ***Mes chagrins*** : mon caractère farouche.
10. ***Principe*** : explication, origine.
11. ***Impudiques*** : sans pudeur.
12. ***Dédaignait*** : ne se souciait pas.
13. ***Une flamme*** : un amour.

HIPPOLYTE

Non, mon père, ce cœur (c'est trop vous le celer[1])
N'a point d'un chaste[2] amour dédaigné de brûler.
Je confesse à vos pieds ma véritable offense.
J'aime, j'aime, il est vrai, malgré votre défense.
Aricie à ses lois tient mes vœux[3] asservis.
La fille de Pallante a vaincu votre fils.
Je l'adore, et mon âme à vos ordres rebelle,
Ne peut ni soupirer, ni brûler que pour elle.

THÉSÉE

Tu l'aimes ? ciel ! Mais non, l'artifice[4] est grossier.
Tu te feins criminel[5] pour te justifier.

HIPPOLYTE

Seigneur, depuis six mois je l'évite, et je l'aime.
Je venais en tremblant vous le dire à vous-même.
Hé quoi ? De votre erreur rien ne vous peut tirer ?
Par quel affreux serment faut-il vous rassurer ?
Que la terre, le ciel, que toute la nature[6]...

THÉSÉE

Toujours les scélérats ont recours au parjure[7].
Cesse, cesse, et m'épargne un importun discours,
Si ta fausse vertu n'a point d'autre secours[8].

---

1. ***Celer*** : cacher.
2. ***Chaste*** : pur, innocent.
3. ***Vœux*** : ici, désirs amoureux.
4. ***L'artifice*** : le stratagème, la manipulation.
5. ***Tu te feins criminel*** : tu fais semblant d'être coupable (d'aimer Aricie).
6. Hippolyte entame ici une formule de serment, en prenant la nature à témoin.
7. ***Parjure*** : faux serment.
8. ***D'autre secours*** : d'autres secours que le parjure.

HIPPOLYTE

Elle vous paraît fausse, et pleine d'artifice;
Phèdre au fond de son cœur me rend plus de justice.

THÉSÉE

Ah! que ton impudence excite mon courroux!

HIPPOLYTE

Quel temps à mon exil, quel lieu prescrivez-vous?

THÉSÉE

Fusses-tu par-delà les colonnes d'Alcide[1],
Je me croirais encor trop voisin d'un perfide.

HIPPOLYTE

Chargé du crime affreux dont vous me soupçonnez,
Quels amis me plaindront quand vous m'abandonnez?

THÉSÉE

Va chercher des amis, dont l'estime funeste
Honore l'adultère, applaudisse à l'inceste;
Des traîtres, des ingrats, sans honneur et sans loi,
Dignes de protéger un méchant tel que toi.

HIPPOLYTE

Vous me parlez toujours d'inceste et d'adultère!
Je me tais. Cependant Phèdre sort d'une mère,
Phèdre est d'un sang, Seigneur, vous le savez trop bien,
De toutes ces horreurs plus rempli que le mien.

THÉSÉE

Quoi! ta rage à mes yeux perd toute retenue?
Pour la dernière fois ôte-toi de ma vue.

---

1. ***Par-delà les colonnes d'Alcide*** : au-delà des colonnes d'Hercule (aujourd'hui le détroit de Gibraltar), qui constituaient la limite occidentale du monde connu des Anciens.

■ Hippolyte (Éric Ruf, à droite) face à Thésée (Michel Duchaussoy) dans la mise en scène de Patrice Chéreau au théâtre de l'Odéon, à Paris, en 2003.

Sors, traître. N'attends pas qu'un père furieux
Te fasse avec opprobre[1] arracher de ces lieux.

Scène 3

THÉSÉE *seul*

Misérable, tu cours à ta perte infaillible.
Neptune par le fleuve aux dieux mêmes terrible,
M'a donné sa parole, et va l'exécuter.
Un dieu vengeur te suit, tu ne peux l'éviter.
Je t'aimais. Et je sens que malgré ton offense,
Mes entrailles[2] pour toi se troublent par avance.
Mais à te condamner tu m'as trop engagé.
Jamais père en effet fut-il plus outragé ?
Justes dieux, qui voyez la douleur qui m'accable,
Ai-je pu mettre au jour un enfant si coupable ?

Scène 4

THÉSÉE, PHÈDRE

PHÈDRE

Seigneur, je viens à vous, pleine d'un juste effroi.
Votre voix redoutable a passé jusqu'à moi.
Je crains qu'un prompt effet n'ait suivi la menace[3].

---

1. ***Avec opprobre*** : de façon honteuse, c'est-à-dire par la violence.
2. ***Mes entrailles*** : mon cœur (les entrailles sont le siège du sentiment).
3. ***Qu'un prompt effet n'ait suivi la menace*** : que la menace ait été trop rapidement exécutée.

S'il en est temps encor, épargnez votre race.
Respectez votre sang, j'ose vous en prier.
Sauvez-moi de l'horreur de l'entendre crier.
Ne me préparez point la douleur éternelle
De l'avoir fait répandre à la main paternelle[1].

THÉSÉE

Non, Madame, en mon sang ma main n'a point trempé.
Mais l'ingrat toutefois ne m'est point échappé.
Une immortelle main[2] de sa perte est chargée.
Neptune me la doit, et vous serez vengée.

PHÈDRE

Neptune vous la doit ! Quoi ! vos vœux irrités[3]...

THÉSÉE

Quoi ! craignez-vous déjà qu'ils ne soient écoutés ?
Joignez-vous bien plutôt à mes vœux légitimes.
Dans toute leur noirceur retracez-moi ses crimes.
Échauffez mes transports[4] trop lents, trop retenus.
Tous ses crimes encor ne vous sont pas connus.
Sa fureur contre vous se répand en injures.
Votre bouche, dit-il, est pleine d'impostures.
Il soutient qu'Aricie a son cœur, a sa foi[5],
Qu'il l'aime.

PHÈDRE

Quoi, Seigneur !

---

1. ***De l'avoir fait répandre à la main paternelle*** : d'avoir engagé le père à faire couler le sang de son fils.
2. ***Une immortelle main*** : une main divine (celle de Neptune).
3. ***Irrités*** : mus par la colère.
4. ***Échauffez mes transports*** : excitez mes sentiments, ici de colère.
5. ***Foi*** : promesse de fidélité amoureuse.

THÉSÉE

Il l'a dit devant moi.
Mais je sais rejeter un frivole artifice[1].
Espérons de Neptune une prompte[2] justice.
Je vais moi-même encor au pied de ses autels,
Le presser d'accomplir ses serments immortels.

Scène 5

PHÈDRE *seule*

Il sort. Quelle nouvelle a frappé mon oreille ?
Quel feu[3] mal étouffé dans mon cœur se réveille ?
Quel coup de foudre, ô ciel ! et quel funeste avis !
Je volais tout entière au secours de son fils,
Et m'arrachant des bras d'Œnone épouvantée,
Je cédais au remords dont j'étais tourmentée.
Qui sait même où m'allait porter[4] ce repentir ?
Peut-être à m'accuser j'aurais pu consentir,
Peut-être si la voix ne m'eût été coupée,
L'affreuse vérité me serait échappée.
Hippolyte est sensible, et ne sent rien pour moi !
Aricie a son cœur ! Aricie a sa foi !
Ah dieux ! Lorsqu'à mes vœux[5] l'ingrat inexorable[6]
S'armait d'un œil si fier, d'un front si redoutable,
Je pensais qu'à l'amour son cœur toujours fermé,

---

1. ***Frivole artifice*** : procédé facile.
2. ***Prompte*** : rapide.
3. ***Feu*** : passion.
4. ***Où m'allait porter*** : à quelle action allait me conduire.
5. ***Vœux*** : ici, désirs amoureux.
6. ***Inexorable*** : inflexible.

■ Phèdre (Maria Casarès) dans la mise en scène de Jean Vilar au théâtre national de Chaillot, en 1958.

Fût contre tout mon sexe également armé.
Une autre cependant a fléchi son audace.
Devant ses yeux cruels une autre a trouvé grâce.
Peut-être a-t-il un cœur facile à s'attendrir.
Je suis le seul objet qu'il ne saurait souffrir.
Et je me chargerais du soin de le défendre !

Scène 6

PHÈDRE, ŒNONE

PHÈDRE

Chère Œnone, sais-tu ce que je viens d'apprendre ?

ŒNONE

Non. Mais je viens tremblante, à ne vous point mentir.
J'ai pâli du dessein qui vous a fait sortir.
J'ai craint une fureur à vous-même fatale[1].

PHÈDRE

Œnone, qui l'eût cru ? j'avais une rivale.

ŒNONE

Comment ?

PHÈDRE

Hippolyte aime, et je n'en puis douter.
Ce farouche ennemi qu'on ne pouvait dompter,
Qu'offensait le respect, qu'importunait la plainte,
Ce tigre, que jamais je n'abordai sans crainte,
Soumis, apprivoisé reconnaît un vainqueur.
Aricie a trouvé le chemin de son cœur.

---

1. Œnone craint que Phèdre ne soit venue se dénoncer à son époux.

ŒNONE

Aricie ?

PHÈDRE

Ah, douleur non encore éprouvée !
À quel nouveau tourment[1] je me suis réservée !
Tout ce que j'ai souffert, mes craintes, mes transports[2],
La fureur de mes feux[3], l'horreur de mes remords,
Et d'un cruel refus l'insupportable injure
N'était qu'un faible essai[4] du tourment que j'endure.
Ils s'aiment ! Par quel charme ont-ils trompé mes yeux[5] ?
Comment se sont-ils vus ? Depuis quand ? Dans quels lieux ?
Tu le savais. Pourquoi me laissais-tu séduire ?
De leur furtive ardeur[6] ne pouvais-tu m'instruire ?
Les a-t-on vus souvent se parler, se chercher ?
Dans le fond des forêts allaient-ils se cacher ?
Hélas ! Ils se voyaient avec pleine licence[7].
Le ciel de leurs soupirs approuvait l'innocence.
Ils suivaient sans remords leur penchant amoureux.
Tous les jours se levaient clairs et sereins pour eux.
Et moi, triste rebut[8] de la nature entière,
Je me cachais au jour, je fuyais la lumière.
La mort est le seul dieu que j'osais implorer.
J'attendais le moment où j'allais expirer,
Me nourrissant de fiel[9], de larmes abreuvée,

---

1. ***Tourment*** : torture.
2. ***Transports*** : ici, élans de passion amoureuse.
3. ***Mes feux*** : ma passion.
4. ***N'était qu'un faible essai*** : n'était rien à côté.
5. ***Par quel charme ont-ils trompé mes yeux ?*** : par quel sortilège ont-ils échappé à ma vue ?
6. ***Furtive ardeur*** : amour secret.
7. ***Licence*** : liberté.
8. ***Rebut*** : déchet.
9. ***Fiel*** : amertume.

Encor dans mon malheur de trop près observée,
Je n'osais dans mes pleurs me noyer à loisir,
Je goûtais en tremblant ce funeste plaisir.
Et sous un front serein déguisant mes alarmes[1],
Il fallait bien souvent me priver de mes larmes.

ŒNONE

Quel fruit recevront-ils[2] de leurs vaines amours ?
Ils ne se verront plus.

PHÈDRE

Ils s'aimeront toujours.
Au moment que je parle, ah, mortelle pensée !
Ils bravent la fureur d'une amante insensée[3].
Malgré ce même exil qui va les écarter,
Ils font mille serments de ne se point quitter.
Non, je ne puis souffrir un bonheur qui m'outrage,
Œnone. Prends pitié de ma jalouse rage.
Il faut perdre Aricie. Il faut de mon époux
Contre un sang odieux[4] réveiller le courroux.
Qu'il ne se borne pas à des peines légères.
Le crime de la sœur passe[5] celui des frères.
Dans mes jaloux transports je le veux implorer.
Que fais-je ? Où ma raison se va-t-elle égarer ?
Moi jalouse ! Et Thésée est celui que j'implore !
Mon époux est vivant, et moi je brûle encore !
Pour qui ? Quel est le cœur où prétendent mes vœux[6] ?
Chaque mot sur mon front fait dresser mes cheveux.
Mes crimes désormais ont comblé la mesure.

---

1. ***Alarmes*** : angoisses.
2. ***Ils*** : Hippolyte et Aricie.
3. ***Une amante insensée*** : c'est ainsi que Phèdre se désigne elle-même.
4. ***Un sang odieux*** : le sang des Pallantides, la famille d'Aricie.
5. ***Passe*** : dépasse.
6. ***Le cœur où prétendent mes vœux*** : l'homme que j'aime.

Je respire à la fois l'inceste et l'imposture.
Mes homicides[1] mains promptes[2] à me venger,
Dans le sang innocent brûlent de se plonger.
Misérable ! Et je vis ? Et je soutiens[3] la vue
De ce sacré soleil dont je suis descendue ?
J'ai pour aïeul le père et le maître des dieux.
Le ciel, tout l'univers est plein de mes aïeux.
Où me cacher ? Fuyons dans la nuit infernale.
Mais que dis-je ? Mon père y tient l'urne fatale[4].
Le sort, dit-on, l'a mise en ses sévères mains.
Minos juge aux Enfers tous les pâles humains[5].
Ah ! combien frémira son ombre épouvantée,
Lorsqu'il verra sa fille à ses yeux présentée,
Contrainte d'avouer tant de forfaits[6] divers,
Et des crimes peut-être inconnus aux Enfers ?
Que diras-tu, mon père, à ce spectacle horrible ?
Je crois voir de ta main tomber l'urne terrible,
Je crois te voir cherchant un supplice nouveau,
Toi-même de ton sang devenir le bourreau.
Pardonne. Un dieu cruel[7] a perdu ta famille.
Reconnais sa vengeance aux fureurs de ta fille[8].
Hélas ! Du crime affreux dont la honte me suit,
Jamais mon triste cœur n'a recueilli le fruit[9].

---

1. ***Homicides*** : meurtrières.
2. ***Promptes*** : rapides.
3. ***Soutiens*** : ici, supporte.
4. ***L'urne fatale*** : l'urne dans laquelle les juges des Enfers déposaient leur voix pour décider de la damnation ou de la récompense des âmes après la mort. Minos était juge aux Enfers.
5. ***Les pâles humains*** : les âmes des morts, pâles comme des fantômes.
6. ***Forfaits*** : crimes.
7. ***Un dieu cruel*** : Neptune.
8. ***Reconnais sa vengeance aux fureurs de ta fille*** : la folie de ta fille est la preuve que Neptune s'est vengé.
9. ***Hélas ! Du crime affreux dont la honte me suit,***/ […] ***n'a recueilli le fruit*** : Phèdre déplore de n'avoir pu consommer son amour avec Hippolyte.

Jusqu'au dernier soupir de malheurs poursuivie,
Je rends dans les tourments une pénible vie.

ŒNONE

Hé ! repoussez, Madame, une injuste terreur.
Regardez d'un autre œil une excusable erreur.
Vous aimez. On ne peut vaincre sa destinée.
Par un charme fatal vous fûtes entraînée.
Est-ce donc un prodige inouï parmi nous[1] ?
L'amour n'a-t-il encor triomphé que de vous ?
La faiblesse aux humains n'est que trop naturelle.
Mortelle, subissez le sort d'une mortelle.
Vous vous plaignez d'un joug imposé dès longtemps.
Les dieux même, les dieux de l'Olympe habitants,
Qui d'un bruit si terrible épouvantent les crimes[2],
Ont brûlé quelquefois de feux illégitimes.

PHÈDRE

Qu'entends-je ? Quels conseils ose-t-on me donner ?
Ainsi donc jusqu'au bout tu veux m'empoisonner,
Malheureuse ? Voilà comme tu m'as perdue.
Au jour, que je fuyais, c'est toi qui m'as rendue.
Tes prières m'ont fait oublier mon devoir.
J'évitais Hippolyte, et tu me l'as fait voir.
De quoi te chargeais-tu ? Pourquoi ta bouche impie[3]
A-t-elle en l'accusant osé noircir sa vie ?
Il en mourra peut-être, et d'un père insensé
Le sacrilège vœu peut-être est exaucé.
Je ne t'écoute plus. Va-t'en, monstre exécrable.

---

1. ***Un prodige inouï parmi nous*** : une chose jamais vue chez les hommes.
2. ***Qui d'un bruit si terrible épouvantent les crimes*** : qui terrorisent les criminels par de si terribles légendes.
3. ***Impie*** : sans religion, sans morale.

Va, laisse-moi le soin de mon sort déplorable[1].
Puisse le juste ciel dignement te payer ;
Et puisse ton supplice à jamais effrayer
Tous ceux qui, comme toi, par de lâches adresses,
Des princes malheureux nourrissent[2] les faiblesses,
Les poussent au penchant où leur cœur est enclin,
Et leur osent du crime aplanir le chemin[3] ;
Détestables flatteurs, présent le plus funeste
Que puisse faire aux rois la colère céleste.

ŒNONE *seule*

Ah, dieux ! Pour la servir, j'ai tout fait, tout quitté.
Et j'en reçois ce prix ? Je l'ai bien mérité.

FIN DU QUATRIÈME ACTE

---

1. ***Déplorable*** : digne de pitié.
2. ***Nourrissent*** : encouragent.
3. ***Du crime aplanir le chemin*** : leur rendre le crime facile à commettre.

Acte V

Scène première

HIPPOLYTE, ARICIE, ISMÈNE

ARICIE

Quoi ! vous pouvez vous taire en ce péril extrême ?
Vous laissez dans l'erreur un père qui vous aime ?
Cruel, si de mes pleurs méprisant le pouvoir,
Vous consentez sans peine à ne me plus revoir,
Partez, séparez-vous de la triste Aricie.
Mais du moins en partant assurez votre vie.
Défendez votre honneur d'un reproche honteux,
Et forcez votre père à révoquer[1] ses vœux.
Il en est temps encor. Pourquoi ? Par quel caprice
Laissez-vous le champ libre à votre accusatrice ?
Éclaircissez Thésée.

HIPPOLYTE

Hé ! que n'ai-je point dit ?
Ai-je dû mettre au jour l'opprobre de son lit[2] ?
Devais-je, en lui faisant un récit trop sincère,

---

1. ***Révoquer*** : annuler.
2. ***Ai-je dû*** [...] ***de son lit ?*** : aurais-je dû révéler la honte qui entache son mariage ?

D'une indigne rougeur[1] couvrir le front d'un père ?
Vous seule avez percé ce mystère odieux.
Mon cœur pour s'épancher[2] n'a que vous et les dieux.
Je n'ai pu vous cacher, jugez si je vous aime,
Tout ce que je voulais me cacher à moi-même.
Mais songez sous quel sceau[3] je vous l'ai révélé.
Oubliez, s'il se peut, que je vous ai parlé,
Madame. Et que jamais une bouche si pure
Ne s'ouvre pour conter cette horrible aventure.
Sur l'équité des dieux osons nous confier[4].
Ils ont trop d'intérêt à me justifier ;
Et Phèdre tôt ou tard de son crime punie,
N'en saurait éviter la juste ignominie[5].
C'est l'unique respect que j'exige de vous.
Je permets tout le reste à mon libre courroux.
Sortez de l'esclavage où vous êtes réduite.
Osez me suivre. Osez accompagner ma fuite.
Arrachez-vous d'un lieu funeste et profané,
Où la vertu respire un air empoisonné[6].
Profitez pour cacher votre prompte[7] retraite,
De la confusion que ma disgrâce y jette.
Je vous puis de la fuite assurer les moyens,
Vous n'avez jusqu'ici de gardes que les miens.
De puissants défenseurs prendront notre querelle[8].

---

1. ***D'une indigne rougeur*** : de la honte d'être trompé par sa femme.

2. ***S'épancher*** : se confier.

3. ***Sous quel sceau*** : il s'agit du sceau du secret.

4. ***Sur l'équité des dieux osons nous confier*** : osons faire confiance à la justice divine.

5. ***Ignominie*** : honte publique.

6. ***Où la vertu respire un air empoisonné*** : où la vertu est cernée par le vice (l'inceste et la calomnie).

7. ***Prompte*** : précipitée.

8. ***Prendront notre querelle*** : défendront notre cause.

Argos nous tend les bras, et Sparte[1] nous appelle.
À nos amis communs portons nos justes cris.
Ne souffrons pas que Phèdre assemblant nos débris
Du trône paternel nous chasse l'un et l'autre,
Et promette à son fils ma dépouille[2] et la vôtre.
L'occasion est belle, il la faut embrasser[3].
Quelle peur vous retient ? Vous semblez balancer[4] ?
Votre seul intérêt m'inspire cette audace.
Quand je suis tout de feu, d'où vous vient cette glace ?
Sur les pas d'un banni craignez-vous de marcher[5] ?

ARICIE

Hélas ! qu'un tel exil, Seigneur, me serait cher !
Dans quels ravissements[6], à votre sort liée
Du reste des mortels je vivrais oubliée !
Mais n'étant point unis par un lien si doux[7],
Me puis-je avec honneur dérober avec vous ?
Je sais que sans blesser l'honneur le plus sévère
Je me puis affranchir des mains de votre père.
Ce n'est point m'arracher du sein de mes parents,
Et la fuite est permise à qui fuit ses tyrans,
Mais vous m'aimez, Seigneur. Et ma gloire alarmée[8]...

---

1. ***Argos, Sparte*** : villes du Péloponnèse, rivales d'Athènes.
2. ***Dépouille*** : à la fois richesse et honneurs pris à un homme tué au combat.
3. ***Embrasser*** : ici, saisir.
4. ***Balancer*** : hésiter.
5. ***Sur les pas d'un banni craignez-vous de marcher*** : craignez-vous de suivre un banni (Hippolyte).
6. ***Ravissements*** : plaisirs extrêmes.
7. ***N'étant point unis par un lien si doux*** : comme nous ne sommes pas mariés.
8. ***Ma gloire alarmée*** : ma réputation, dont je m'inquiète.

HIPPOLYTE

Non, non; j'ai trop de soin de[1] votre renommée.
Un plus noble dessein m'amène devant vous.
Fuyez vos ennemis, et suivez votre époux.
Libres dans nos malheurs, puisque le ciel l'ordonne,
Le don de notre foi[2] ne dépend de personne.
L'hymen n'est point toujours entouré de flambeaux[3].
Aux portes de Trézène, et parmi ces tombeaux,
Des princes de ma race antiques sépultures[4],
Est un temple sacré formidable aux parjures[5].
C'est là que les mortels n'osent jurer en vain.
Le perfide y reçoit un châtiment soudain[6].
Et craignant d'y trouver la mort inévitable,
Le mensonge n'a point de frein plus redoutable.
Là, si vous m'en croyez, d'un amour éternel
Nous irons confirmer le serment solennel.
Nous prendrons à témoin le dieu qu'on y révère[7].
Nous le prierons tous deux de nous servir de père.
Des dieux les plus sacrés j'attesterai[8] le nom.
Et la chaste[9] Diane, et l'auguste[10] Junon,
Et tous les dieux enfin témoins de mes tendresses
Garantiront la foi[11] de mes saintes promesses.

---

1. ***J'ai trop de soin de*** : je me soucie trop de.
2. ***Le don de notre foi*** : l'échange de serments des époux.
3. ***L'hymen n'est point toujours entouré de flambeaux*** : voir note 7, p. 55.
4. ***Sépultures*** : tombeaux.
5. ***Formidable aux parjures*** : que doivent craindre ceux qui font des faux serments.
6. ***Soudain*** : immédiat.
7. ***Révère*** : prie, honore.
8. ***Attesterai*** : prendrai à témoin.
9. ***Chaste*** : pure.
10. ***Auguste*** : majestueuse, royale.
11. ***Garantiront la foi*** : seront témoins.

ARICIE

Le roi vient. Fuyez, prince, et partez promptement[1].
Pour cacher mon départ je demeure un moment.
Allez, et laissez-moi quelque fidèle guide,
Qui conduise vers vous ma démarche timide[2].

Scène 2

THÉSÉE, ARICIE, ISMÈNE

THÉSÉE

Dieux, éclairez mon trouble, et daignez à mes yeux
Montrer la vérité, que je cherche en ces lieux.

ARICIE

Songe à tout, chère Ismène, et sois prête à la fuite.

Scène 3

THÉSÉE, ARICIE

THÉSÉE

Vous changez de couleur, et semblez interdite
Madame ! Que faisait Hippolyte en ce lieu ?

ARICIE

Seigneur, il me disait un éternel adieu.

---

1. ***Promptement*** : rapidement.
2. ***Ma démarche timide*** : mes pas craintifs.

THÉSÉE

Vos yeux ont su dompter ce rebelle courage;
Et ses premiers soupirs sont votre heureux ouvrage.

ARICIE

Seigneur, je ne vous puis nier la vérité.
De votre injuste haine il n'a pas hérité[1].
Il ne me traitait point comme une criminelle.

THÉSÉE

J'entends[2], il vous jurait une amour[3] éternelle.
Ne vous assurez point sur[4] ce cœur inconstant.
Car à d'autres que vous il en jurait autant.

ARICIE

Lui, Seigneur?

THÉSÉE

Vous deviez le rendre moins volage[5].
Comment souffriez-vous cet horrible partage?

ARICIE

Et comment souffrez-vous que d'horribles discours
D'une si belle vie osent noircir le cours?
Avez-vous de son cœur si peu de connaissance?
Discernez-vous si mal le crime et l'innocence?
Faut-il qu'à vos yeux seuls un nuage odieux
Dérobe sa vertu qui brille à tous les yeux?
Ah! c'est trop le livrer à des langues perfides.

---

1. ***De votre injuste haine il n'a pas hérité*** : il n'a pas hérité de la haine injuste que vous nourrissez contre ma famille.
2. ***Entends*** : comprends.
3. ***Une amour*** : un amour («amour» peut être féminin dans la langue classique).
4. ***Ne vous assurez point sur*** : ne vous fiez pas à.
5. ***Volage*** : inconstant.

Cessez. Repentez-vous de vos vœux homicides.
Craignez, Seigneur, craignez que le ciel rigoureux
Ne vous haïsse assez pour exaucer vos vœux.
Souvent dans sa colère il reçoit nos victimes[1].
Ses présents sont souvent la peine de nos crimes[2].

THÉSÉE

Non, vous voulez en vain couvrir son attentat[3].
Votre amour vous aveugle en faveur de l'ingrat.
Mais j'en crois des témoins certains, irréprochables.
J'ai vu, j'ai vu couler des larmes véritables.

ARICIE

Prenez garde, Seigneur. Vos invincibles mains
Ont de monstres sans nombre affranchi les humains.
Mais tout n'est pas détruit; et vous en laissez vivre
Un... Votre fils, Seigneur, me défend de poursuivre.
Instruite du respect[4] qu'il veut vous conserver,
Je l'affligerais trop[5], si j'osais achever.
J'imite sa pudeur, et fuis votre présence
Pour n'être pas forcée à rompre le silence.

Scène 4

THÉSÉE *seul*

Quelle est donc sa pensée? Et que cache un discours
Commencé tant de fois, interrompu toujours?

---

1. ***Il reçoit nos victimes*** : il accepte les victimes que nous lui offrons.
2. ***Ses présents sont souvent la peine de nos crimes*** : les vœux qu'ils exaucent nous punissent en réalité de nos crimes.
3. ***Attentat*** : crime.
4. ***Instruite du respect*** : connaissant le respect.
5. ***L'affligerais trop*** : le ferais trop souffrir.

Veulent-ils m'éblouir[1] par une feinte vaine ?
Sont-ils d'accord tous deux pour me mettre à la gêne[2] ?
Mais moi-même, malgré ma sévère rigueur,
Quelle plaintive voix crie au fond de mon cœur ?
Une pitié secrète et m'afflige[3], et m'étonne.
Une seconde fois interrogeons Œnone.
Je veux de tout le crime être mieux éclairci.
Gardes. Qu'Œnone sorte et vienne seule ici.

Scène 5

THÉSÉE, PANOPE

PANOPE

J'ignore le projet que la reine médite,
Seigneur. Mais je crains tout du transport[4] qui l'agite.
Un mortel désespoir sur son visage est peint.
La pâleur de la mort est déjà sur son teint.
Déjà de sa présence avec honte chassée
Dans la profonde mer Œnone s'est lancée.
On ne sait point d'où part ce dessein furieux,
Et les flots pour jamais l'ont ravie à nos yeux.

THÉSÉE

Qu'entends-je ?

1. ***M'éblouir*** : me tromper.
2. ***À la gêne*** : à la torture.
3. ***M'afflige*** : me fait souffrir.
4. ***Transport*** : ici, mouvement de colère.

PANOPE

Son trépas[1] n'a point calmé la reine,
Le trouble semble croître en son âme incertaine.
Quelquefois pour flatter ses secrètes douleurs
Elle prend ses enfants, et les baigne de pleurs.
Et soudain renonçant à l'amour maternelle,
Sa main avec horreur les repousse loin d'elle.
Elle porte au hasard ses pas irrésolus[2].
Son œil tout égaré ne nous reconnaît plus.
Elle a trois fois écrit, et changeant de pensée
Trois fois elle a rompu sa lettre commencée.
Daignez la voir, Seigneur, daignez la secourir.

THÉSÉE

Ô Ciel ! Œnone est morte, et Phèdre veut mourir ?
Qu'on rappelle mon fils, qu'il vienne se défendre,
Qu'il vienne me parler, je suis prêt de l'entendre.
Ne précipite point[3] tes funestes bienfaits,
Neptune. J'aime mieux n'être exaucé jamais.
J'ai peut-être trop cru des témoins peu fidèles.
Et j'ai trop tôt vers toi levé mes mains cruelles.
Ah ! de quel désespoir mes vœux seraient suivis !

---

1. ***Son trépas*** : sa mort.
2. ***Irrésolus*** : incertains.
3. ***Ne précipite point*** : n'accomplis pas trop vite.

Scène 6

THÉSÉE, THÉRAMÈNE

THÉSÉE

Théramène, est-ce toi ? Qu'as-tu fait de mon fils ?
Je te l'ai confié dès l'âge le plus tendre.
Mais d'où naissent les pleurs que je te vois répandre ?
Que fait mon fils ?

THÉRAMÈNE

Ô soins[1] tardifs, et superflus !
Inutile tendresse ! Hippolyte n'est plus.

THÉSÉE

Dieux !

THÉRAMÈNE

J'ai vu des mortels périr le plus aimable,
Et j'ose dire encor, Seigneur, le moins coupable.

THÉSÉE

Mon fils n'est plus ? Hé quoi ! quand je lui tends les bras,
Les dieux impatients ont hâté son trépas[2] ?
Quel coup me l'a ravi ? Quelle foudre soudaine ?

THÉRAMÈNE

À peine nous sortions des portes de Trézène,
Il était sur son char. Ses gardes affligés[3]
Imitaient son silence, autour de lui rangés.
Il suivait tout pensif le chemin de Mycènes[4].

---

1. ***Soins*** : ici, marques d'attention.
2. ***Son trépas*** : sa mort.
3. ***Affligés*** : accablés de tristesse.
4. ***Mycènes*** : ville d'Argolide.

Sa main sur ses chevaux laissait flotter les rênes.
Ses superbes coursiers[1], qu'on voyait autrefois
Pleins d'une ardeur si noble obéir à sa voix,
L'œil morne[2] maintenant et la tête baissée
Semblaient se conformer à sa triste pensée.
Un effroyable cri sorti du fond des flots[3]
Des airs en ce moment a troublé le repos;
Et du sein de la terre une voix formidable[4]
Répond en gémissant à ce cri redoutable.
Jusqu'au fond de nos cœurs notre sang s'est glacé.
Des coursiers attentifs le crin s'est hérissé.
Cependant, sur le dos de la plaine liquide[5]
S'élève à gros bouillons une montagne humide[6].
L'onde[7] approche, se brise[8], et vomit à nos yeux
Parmi des flots d'écume un monstre furieux.
Son front large est armé de cornes menaçantes.
Tout son corps est couvert d'écailles jaunissantes.
Indomptable taureau, dragon impétueux,
Sa croupe se recourbe en replis tortueux.
Ses longs mugissements font trembler le rivage.
Le ciel avec horreur voit ce monstre sauvage,
La terre s'en émeut[9], l'air en est infecté,
Le flot, qui l'apporta, recule épouvanté.
Tout fuit, et sans s'armer d'un courage inutile
Dans le temple voisin chacun cherche un asile.

---

1. ***Superbes coursiers*** : chevaux altiers, fiers.
2. ***Morne*** : triste.
3. ***Des flots*** : de la mer.
4. ***Formidable*** : terrifiante.
5. ***Sur le dos de la plaine liquide*** : à la surface de la mer.
6. ***Montagne humide*** : montagne d'eau.
7. ***Onde*** : eau.
8. ***Se brise*** : se dit d'une vague qui s'écrase contre le rivage.
9. ***S'en émeut*** : s'en effraie.

Hippolyte lui seul digne fils d'un héros,
Arrête ses coursiers, saisit ses javelots,
Pousse au monstre[1], et d'un dard[2] lancé d'une main sûre
Il lui fait dans le flanc une large blessure.
De rage et de douleur le monstre bondissant
Vient aux pieds des chevaux tomber en mugissant,
Se roule, et leur présente une gueule enflammée,
Qui les couvre de feu, de sang et de fumée.
La frayeur les emporte, et sourds à cette fois[3],
Ils ne connaissent plus ni le frein ni la voix.
En efforts impuissants leur maître se consume.
Ils rougissent le mors d'une sanglante écume[4].
On dit qu'on a vu même en ce désordre affreux
Un dieu, qui d'aiguillons[5] pressait leur flanc poudreux.
À travers des rochers la peur les précipite.
L'essieu crie, et se rompt. L'intrépide Hippolyte
Voit voler en éclats tout son char fracassé.
Dans les rênes lui-même il tombe embarrassé.
Excusez ma douleur. Cette image cruelle
Sera pour moi de pleurs une source éternelle.
J'ai vu, Seigneur, j'ai vu votre malheureux fils
Traîné par les chevaux que sa main a nourris.
Il veut les rappeler, et sa voix les effraie.
Ils courent. Tout son corps n'est bientôt qu'une plaie.
De nos cris douloureux la plaine retentit.
Leur fougue impétueuse enfin se ralentit.
Ils s'arrêtent, non loin de ces tombeaux antiques,

---

1. ***Pousse au monstre*** : va attaquer le monstre.
2. ***Dard*** : javelot.
3. ***À cette fois*** : cette fois-ci.
4. ***Écume*** : bave.
5. ***Aiguillons*** : pointes servant à stimuler un animal, pour le faire avancer.

Où des rois ses aïeux sont les froides reliques[1].
J'y cours en soupirant, et sa garde me suit.
De son généreux[2] sang la trace nous conduit.
Les rochers en sont teints. Les ronces dégouttantes
Portent de ses cheveux les dépouilles sanglantes.
J'arrive, je l'appelle, et me tendant la main
Il ouvre un œil mourant, qu'il referme soudain.
Le ciel, dit-il, *m'arrache une innocente vie.*
Prends soin après ma mort de la triste Aricie.
Cher ami, si mon père un jour désabusé[3]
Plaint le malheur d'un fils faussement accusé,
Pour apaiser mon sang, et mon ombre plaintive,
Dis-lui, qu'avec douceur il traite sa captive,
Qu'il lui rende... À ce mot ce héros expiré
N'a laissé dans mes bras qu'un corps défiguré,
Triste objet, où des dieux triomphe la colère,
Et que méconnaîtrait l'œil même de son père.

THÉSÉE

Ô mon fils ! cher espoir que je me suis ravi !
Inexorables[4] dieux, qui m'avez trop servi !
À quels mortels regrets ma vie est réservée !

THÉRAMÈNE

La timide Aricie est alors arrivée.
Elle venait, Seigneur, fuyant votre courroux,
À la face des dieux l'accepter pour époux.
Elle approche. Elle voit l'herbe rouge et fumante.
Elle voit (quel objet pour les yeux d'une amante)

---

1. ***Où des rois ses aïeux sont les froides reliques*** : où sont inhumés les rois qui sont ses ancêtres.
2. ***Généreux*** : noble.
3. ***Désabusé*** : détrompé.
4. ***Inexorables*** : inflexibles.

Hippolyte étendu, sans forme et sans couleur.
Elle veut quelque temps douter de son malheur,
Et ne connaissant plus ce héros qu'elle adore,
Elle voit Hippolyte, et le demande encore.
Mais trop sûre à la fin qu'il est devant ses yeux,
Par un triste regard elle accuse les dieux,
Et froide, gémissante, et presque inanimée,
Aux pieds de son amant elle tombe pâmée[1].
Ismène est auprès d'elle. Ismène toute en pleurs
La rappelle à la vie, ou plutôt aux douleurs.
Et moi, je suis venu détestant la lumière
Vous dire d'un héros la volonté dernière,
Et m'acquitter, Seigneur, du malheureux emploi,
Dont son cœur expirant s'est reposé sur moi[2].
Mais j'aperçois venir sa mortelle ennemie.

Scène dernière

THÉSÉE, PHÈDRE, THÉRAMÈNE, PANOPE, GARDES

THÉSÉE

Hé bien vous triomphez, et mon fils est sans vie.
Ah que j'ai lieu de craindre ! et qu'un cruel soupçon
L'excusant dans mon cœur, m'alarme avec raison !
Mais, Madame, il est mort, prenez votre victime.
Jouissez de sa perte injuste, ou légitime.
Je consens que mes yeux soient toujours abusés[3],

1. ***Pâmée*** : évanouie.
2. ***Et m'acquitter, Seigneur, du malheureux emploi,/ Dont son cœur expirant s'est reposé sur moi*** : et accomplir le triste service qu'il m'a demandé, en mourant, de lui rendre.
3. ***Abusés*** : trompés.

Je le crois criminel, puisque vous l'accusez.
Son trépas à mes pleurs offre assez de matières[1],
Sans que j'aille chercher d'odieuses lumières[2],
Qui ne pouvant le rendre à ma juste douleur,
Peut-être ne feraient qu'accroître mon malheur.
Laissez-moi loin de vous, et loin de ce rivage
De mon fils déchiré fuir la sanglante image.
Confus, persécuté d'un mortel souvenir,
De l'univers entier je voudrais me bannir.
Tout semble s'élever contre mon injustice.
L'éclat de mon nom même augmente mon supplice.
Moins connu des mortels je me cacherais mieux.
Je hais jusques aux soins dont m'honorent les dieux.
Et je m'en vais pleurer leurs faveurs meurtrières[3],
Sans plus les fatiguer d'inutiles prières.
Quoi qu'ils fissent pour moi, leur funeste bonté
Ne me saurait payer de ce qu'ils m'ont ôté.

PHÈDRE

Non. Thésée, il faut rompre un injuste silence ;
Il faut à votre fils rendre son innocence.
Il n'était point coupable.

THÉSÉE

Ah père infortuné !
Et c'est sur votre foi[4] que je l'ai condamné !
Cruelle, pensez-vous être assez excusée…

---

1. ***Son trépas à mes pleurs offre assez de matières*** : sa mort me rend suffisamment triste.
2. ***Lumières*** : explications.
3. ***Leurs faveurs meurtrières*** : les souhaits de mort qu'ils ont exaucés pour Thésée.
4. ***Sur votre foi*** : en vous croyant.

PHÈDRE

Les moments me sont chers[1], écoutez-moi, Thésée.
C'est moi qui sur ce fils chaste[2] et respectueux
Osai jeter un œil profane, incestueux.
Le ciel mit dans mon sein une flamme[3] funeste.
La détestable Œnone a conduit tout le reste.
Elle a craint qu'Hippolyte instruit de ma fureur
Ne découvrît[4] un feu[5] qui lui faisait horreur.
La perfide abusant de ma faiblesse extrême,
S'est hâtée à vos yeux de l'accuser lui-même.
Elle s'en est punie, et fuyant mon courroux
A cherché dans les flots un supplice trop doux.
Le fer aurait déjà tranché ma destinée[6].
Mais je laissais gémir la vertu soupçonnée.
J'ai voulu, devant vous exposant mes remords,
Par un chemin plus lent descendre chez les morts.
J'ai pris, j'ai fait couler dans mes brûlantes veines
Un poison que Médée[7] apporta dans Athènes.
Déjà jusqu'à mon cœur le venin parvenu
Dans ce cœur expirant jette un froid inconnu;
Déjà je ne vois plus qu'à travers un nuage
Et le ciel, et l'époux que ma présence outrage;
Et la mort à mes yeux dérobant la clarté
Rend au jour, qu'ils[8] souillaient, toute sa pureté.

---

1. *Les moments me sont chers* : le temps m'est précieux; Phèdre, qui a pris du poison, va bientôt mourir.
2. *Chaste* : pur, innocent.
3. *Une flamme* : un amour.
4. *Ne découvrît* : ne dénonçât (à Thésée).
5. *Un feu* : l'amour de Phèdre pour Hippolyte.
6. *Le fer aurait déjà tranché ma destinée* : je me serais déjà tuée par l'épée.
7. *Médée* : magicienne originaire de Colchide, épouse d'Égée, le père de Thésée.
8. *Ils* : les yeux de Phèdre.

PANOPE

Elle expire, Seigneur.

THÉSÉE

D'une action si noire
Que ne peut avec elle expirer la mémoire[1] ?
Allons, de mon erreur, hélas ! trop éclaircis
Mêler nos pleurs au sang de mon malheureux fils.
Allons de ce cher fils embrasser ce qui reste,
Expier[2] la fureur d'un vœu[3] que je déteste.
Rendons-lui les honneurs qu'il a trop mérités.
Et pour mieux apaiser ses mânes[4] irrités,
Que malgré les complots d'une injuste famille[5]
Son amante aujourd'hui me tienne lieu de fille.

FIN

---

1. ***D'une action si noire/ Que ne peut avec elle expirer la mémoire*** : si seulement avec Phèdre pouvait disparaître la mémoire de ses crimes !

2. ***Expier*** : racheter, se faire pardonner.

3. ***Un vœu*** : le souhait de vengeance formulé à Neptune, responsable de la mort d'Hippolyte.

4. ***Mânes*** : esprits des morts.

5. ***Une injuste famille*** : les Pallantides.

DOSSIER

- Biographie de Racine
- Questionnaire sur l'œuvre
- Microlectures
- Débat contradictoires entre ancienne et nouvelle critique
- Les échos de *Phèdre* dans les œuvres de fiction romanesque

Biographie de Racine

Une éducation janséniste

Racine naît dans une famille de petits magistrats de province à La Ferté-Milon, en Picardie, où il est baptisé le 22 décembre de l'année 1639. Orphelin de mère puis de père avant l'âge de quatre ans, il est élevé par sa grand-mère, Marie Desmoulins, qui décide, à la mort de son mari, en 1649, de rejoindre l'abbaye de Port-Royal, foyer du jansénisme[1], avec laquelle sa famille entretient des relations privilégiées depuis longtemps. Quelques années auparavant, la grand-tante et la tante de Racine, Agnès, s'y sont en effet retirées, l'une sans embrasser l'état ecclésiastique, l'autre en tant que religieuse – elle deviendra l'abbesse de Sainte-Thècle. Aux Petites Écoles, fondées par l'abbé de Saint-Cyran[2], dans la vallée de Chevreuse, puis à Paris, Racine suit l'enseignement original dispensé par les messieurs de Port-Royal, aussi appelés Solitaires[3]. De ces hommes versés dans la théologie (Arnauld), la philologie[4] (Lancelot), la grammaire (Nicole), la médecine (Hamon) ou la rhétorique[5] (Le Maître), il reçoit une éducation chrétienne, mais surtout une connaissance très approfondie des littératures grecque et latine. L'enseignement se fait prioritairement en français, et non en latin, comme c'est l'usage dans les collèges de jésuites, et

1. ***Jansénisme*** : voir note 2, p. 22.
2. ***Abbé de Saint-Cyran*** (1581-1643) : religieux et théologien français qui introduisit le jansénisme en France.
3. Les ***Solitaires***, Antoine Le Maître, Pierre Nicole, Claude Lancelot, Antoine Arnauld, Jean Hamon sont des hommes anciennement établis dans des emplois laïques, appartenant le plus souvent à la haute bourgeoisie ou à la noblesse et qui, gagnés par les idées jansénistes, ont choisi de se retirer à Port-Royal pour y vivre une vie pieuse et modeste, partagée entre travaux manuels et intellectuels, et dédiée en partie à l'enseignement.
4. ***Philologie*** : étude scientifique et complète du système de la langue.
5. ***Rhétorique*** : art du discours, de la composition et de la mise en forme de la pensée.

privilégie la compréhension du sens plutôt que l'apprentissage de la forme. À l'exception de deux années passées au collège de Beauvais entre septembre 1653 et octobre 1655, Racine suit l'ensemble de sa scolarité, de dix à dix-huit ans, dans le berceau du jansénisme.

Le goût des lettres

Racine y développe une grande curiosité littéraire et, aux côtés de ses condisciples, une habitude de vie mondaine, dans un esprit de courtoisie et de civilité chrétiennes. Il complète sa formation par une année d'études philosophiques au collège d'Harcourt à Paris, en 1659. Dès l'âge de vingt ans, il s'installe à Paris, chez son cousin Nicolas Vitart qui, lui aussi, a reçu une éducation janséniste et qui remplit un office de secrétaire pour le duc de Luynes[1]. Initié par sa parentèle à la vie des salons parisiens, Racine effectue bien vite son entrée dans le monde littéraire : il rencontre Jean de La Fontaine[2] et Charles Perrault[3] avec lesquels il se lie d'amitié. Après une première tentative dramatique peu concluante – sa pièce *Amasis*, aujourd'hui perdue, est refusée par les comédiens du Marais[4] –, il compose une ode en l'honneur du mariage du roi, intitulée *La Nymphe de la Seine* et dédiée à la reine, qui lui vaut l'estime de ses pairs. Jean Chapelain, homme de lettres proche de Colbert[5], lui accorde sa protection. En dépit de ce succès, Racine, inquiet de son avenir matériel, brigue une charge

---

1. ***Louis Charles d'Albert de Luynes*** (1620-1699) : pair de France, traducteur et moraliste français.
2. ***Jean de La Fontaine*** (1621-1695) : célèbre poète et fabuliste français, représentatif de l'esthétique classique.
3. ***Charles Perrault*** (1628-1703) : homme de lettres français, auteur des célèbres *Contes de ma mère l'Oye*, proche de Colbert.
4. ***Comédiens du Marais*** : troupe rivale de celle de l'Hôtel de Bourgogne, fondée en 1634 par Mondory.
5. ***Colbert*** (1619-1683) : homme d'État et ministre français ; il fut le contrôleur général des Finances, sous Louis XIV, de 1663 à 1683, et un ardent protecteur des arts, des lettres et des sciences.

ecclésiastique dont le bénéfice[1] doit lui permettre de subvenir à ses besoins. Pour cela, il se rend à Uzès auprès de son oncle chanoine[2], de qui il espère l'obtenir. Si la manœuvre échoue, du moins le court séjour confirme-t-il avec fermeté sa vocation d'écrivain.

Écrivain à tout prix

De retour à Paris en 1662, Racine est décidé à devenir auteur quoi qu'il lui en coûte, à une époque où il n'est pas bien vu de vouloir faire métier d'écrire. Il adresse au roi, qui a été malade, une ode sur sa convalescence grâce à laquelle il obtient une gratification qu'il conservera jusqu'à la fin de sa vie. Ministre des Finances du royaume, Colbert, quelques mois auparavant, a instauré un système de pensions destinées aux gens de lettres afin qu'ils soient encouragés à chanter les louanges du monarque et la gloire de son règne. Ainsi conforté, Racine compose en 1664 une tragédie, *La Thébaïde ou les Frères ennemis*, sur le thème de la rivalité mythique d'Étéocle et de Polynice, dans laquelle il révèle déjà son génie dramatique et son talent de peintre des passions. Alors directeur du théâtre du Palais-Royal, Molière accepte de monter la pièce qui reçoit un accueil mitigé du public. Si elle remporte un vif succès, sa tragédie suivante, *Alexandre*, jouée en décembre 1665, est l'occasion d'une brouille définitive avec Molière. Après lui avoir initialement confié la représentation, Racine, sans préavis, décide de la lui confisquer au profit des comédiens de l'Hôtel de Bourgogne, sans que l'on sache aujourd'hui si sa décision fut motivée par une préférence sincère pour l'interprétation tragique de ces derniers ou par l'intention de redoubler la publicité de sa pièce, selon un procédé courant à l'époque.

De cette malencontreuse indélicatesse date sa réputation de carriériste sans scrupule et d'opportuniste ingrat. Il faut dire qu'à cette circonstance s'ajoute la querelle qui l'oppose à ses anciens

1. ***Bénéfice*** : revenu accompagnant un titre ecclésiastique.
2. ***Chanoine*** : dignitaire ecclésiastique.

maîtres sur la question de la moralité du théâtre, et qui confirme la détermination de Racine à ne souffrir aucune entrave à son succès. Nicole, à travers la lettre publique dans laquelle il déclare qu'« un faiseur de romans et [...] poète de théâtre est un empoisonneur public, non des corps, mais des âmes des fidèles », vise pourtant plus Desmarets de Saint-Sorlin[1], ennemi du jansénisme, que Racine. Ce dernier riposte néanmoins et, dans un style acide qui évoque la véhémence pascalienne des *Provinciales*[2], ne montre que peu d'égards pour ses anciens maîtres.

Succès dramatiques

En 1667 est jouée à l'Hôtel de Bourgogne sa troisième tragédie, *Andromaque*, que couronne un véritable triomphe. Le rôle-titre est tenu par Mlle Thérèse Du Parc, célèbre actrice que le tragédien a « volée » à la troupe de Molière, dont il fait sa maîtresse, et qui décède dans des conditions mystérieuses l'année suivante. Dès lors, l'ascension littéraire du dramaturge va de pair avec sa carrière mondaine : il est introduit dans l'entourage d'Henriette d'Angleterre[3] et bénéficie du soutien de Condé[4] et de Mme de Montespan[5]. Fort de cette double assurance de courtisan apprécié et d'écrivain célébré,

1. ***Desmarets de Saint-Sorlin*** (1595-1676) : poète et dramaturge français, proche de Louis XIII et de Richelieu, et particulièrement dévot.
2. ***Les Provinciales*** : parues en 1656-1657 sous le pseudonyme de Louis de Montalte, elles sont constituées de dix-huit lettres dans lesquelles Pascal (1623-1662) prend la défense des jansénistes et raille les positions des jésuites.
3. ***Henriette d'Angleterre*** (1644-1670) : petite-fille d'Henri IV, nièce de Louis XIII et fille de Charles Ier d'Angleterre, elle dut très jeune s'exiler de son pays pour se réfugier en France où elle devint, en épousant Philippe d'Orléans, la belle-sœur de Louis XIV avant de mourir à l'âge de vingt-six ans, probablement empoisonnée.
4. ***Condé*** (1621-1686) : éminente figure de la noblesse française et grand libertin qui joua un rôle de premier plan dans la guerre de Trente Ans, puis pendant la Fronde.
5. ***Mme de Montespan*** (1640-1707) : célèbre favorite de Louis XIV.

Racine, en 1668, s'autorise une incursion dans le genre comique, qui restera sans lendemain, en composant *Les Plaideurs*, peut-être avec la collaboration de Boileau[1] et de Furetière[2]. Sa tragédie suivante, *Britannicus*, qui puise son sujet dans la décadence de la Rome impériale plutôt que dans les séductions de la fable grecque, exaspère une rivalité déjà sensible avec le grand Corneille. Aux attaques très vives des défenseurs de ce dernier, Racine répond, dans sa préface d'*Andromaque*, en condamnant l'excès de bravoure du héros cornélien, contraire, selon lui, à la prescription poétique d'Aristote[3].

La consécration

Si *Britannicus* ne connaît qu'un succès modéré, la pièce suivante, *Bérénice* (1670), d'inspiration romaine à nouveau, détrône définitivement le vieux Corneille, dont l'œuvre *Tite et Bérénice*, jouée au même moment, est bien moins applaudie. La « tristesse majestueuse » du « tendre » Racine l'emporte sur la pompe et l'héroïsme glorieux de son aîné. En fournissant la preuve qu'« il n'est pas nécessaire qu'il y ait du sang et des morts dans une tragédie[4] », *Bérénice* démontre la force dramatique de l'intériorité tragique et consacre l'originalité de son auteur. Pourtant, avec une audace qui n'a d'égal que l'éclat qui en résulte, c'est un sujet oriental – concession à la mode du temps – que traite la tragédie suivante, *Bajazet* (1672), qui met en scène un déchaînement de passions atteignant un degré inédit de

1. ***Boileau*** (1636-1711) : poète, écrivain et critique français dont la carrière fut aussi glorieuse que celle de Racine.
2. ***Furetière*** (1619-1688) : poète, fabuliste et auteur d'un célèbre dictionnaire de français.
3. Dans la *Poétique*, Aristote précise que le personnage tragique doit n'être ni entièrement bon, ni entièrement mauvais, pour pouvoir susciter chez le spectateur la terreur et la pitié mélangées qui opèrent la *catharsis* (purification ou épuration des passions par la *mimésis* – représentation dramatique).
4. Préface de *Bérénice*.

violence et d'incandescente sensualité. *Mithridate*, la même année, opère un retour à l'Antiquité et marque sans doute le sommet de la carrière racinienne. Reçu à l'Académie française le 12 janvier 1673, le dramaturge se voit ouvrir toutes grandes les portes de Versailles, invité qu'il est, l'année suivante, à y jouer *Iphigénie* à l'occasion des grandes fêtes que le roi donne à son retour de campagne franc-comtoise pour célébrer sa victoire. En récompense de son talent, outre le traitement financier de faveur qui lui est réservé, l'administration royale lui accorde la charge de trésorier du roi qui s'accompagne de l'anoblissement de celui qui la reçoit.

Phèdre et le renoncement au théâtre

En janvier 1677, *Phèdre*, sa dernière tragédie profane, qui tire son sujet de la mythologie grecque, est jouée à l'Hôtel de Bourgogne. Elle se trouve en concurrence avec la pièce de Pradon, *Phèdre et Hippolyte*, produite aux mêmes dates au théâtre Guénégaud. Soutenue par la coterie du duc de Nevers[1] et d'abord favorite du public, cette dernière éclipse quelques semaines l'œuvre de Racine avant d'être rapidement reléguée au second rang. Au même moment, Racine rompt avec la Champmeslé, sa maîtresse depuis plusieurs années, et connaît des démêlés avec la justice qui l'accuse d'avoir joué un rôle dans l'obscure « Affaire des poisons[2] ». Ces soucis affectent-ils profondément le dramaturge en dépit de l'insigne honneur que lui a fait le roi de le nommer son historiographe[3], en même temps que Boileau ? Racine traverse-t-il une grave crise morale ou bien, tout

1. ***Philippe Mancini, duc de Nevers*** (1641-1707) : neveu de Mazarin et proche de Mme de Maintenon.
2. Série de scandales liés à des empoisonnements survenus entre 1672 et 1682, qui impliquèrent plusieurs personnalités de la cour de Louis XIV et qui ébranlèrent durablement Paris en instaurant un climat hystérique de « chasse aux sorcières » et aux empoisonneuses. Sur le témoignage de la Voisin, Racine fut inquiété relativement à la mort de Mlle Du Parc.
3. ***Historiographe*** : voir note 5, p. 7.

simplement, au sommet de sa gloire littéraire, songe-t-il à s'établir plus sérieusement ? Le fait est que, après *Phèdre*, qu'il juge pourtant comme « sa meilleure tragédie », il s'éloigne durablement de la scène et renonce pendant plus de douze ans à l'art qui l'a consacré. Marié en juin à la jeune et riche Catherine de Romanet, requis par ses devoirs de courtisan et soucieux de se rapprocher de ses anciens maîtres jansénistes, Racine ne rompt le silence qu'en 1689, sur les instances de Mme de Maintenon, la dévote et officieuse épouse de Louis XIV. À plusieurs reprises, en 1678, 1683 et 1687, il accompagne le roi dans ses campagnes militaires, au côté de Boileau. Sa seule concession à son œuvre de fiction est désormais l'établissement d'une édition complète de ses *Œuvres*, en 1687, puis, dix ans plus tard, en 1697.

Une fin de vie exemplaire

À l'exception d'*Esther* et d'*Athalie,* composées sur commande, respectivement en 1689 et 1691, pour édifier[1] le public des nobles et pauvres jeunes filles recueillies à Saint-Cyr[2], Racine n'a plus la moindre velléité d'écrire pour la scène. Nommé gentilhomme ordinaire de la Chambre du roi[3] en 1691 et père de sept enfants, il se consacre exclusivement à ses devoirs de courtisan et de chef de famille. Modéré toute sa vie par son ambition et sa prudence mondaines, son zèle janséniste éclate à la fin de son existence et se manifeste par l'écriture d'un *Abrégé de l'histoire de Port-Royal,* inachevé, qui ne sera publié que de façon posthume. Racine meurt à Paris le 21 avril 1699, et sera enterré, selon ses vœux, à Port-Royal-des-Champs au pied de la fosse de M. Hamon, son ancien précepteur. Dans ses dernières années, sa correspondance atteste un spectaculaire regain de piété

1. ***Édifier*** : voir note 1, p. 7.
2. Saint-Cyr : voir note 2, p. 7.
3. ***Gentilhomme ordinaire du roi*** : gentilhomme au service du roi pour porter ses ordres et ses volontés aux parlements et aux provinces, et ses compliments aux cours des rois et des princes.

et de ferveur dont les causes restent en grande part mystérieuses. Parce qu'il intervient juste après le succès de *Phèdre,* au moment où Racine accède au sommet d'une prestigieuse carrière littéraire, il est permis de s'interroger sur ce que ce revirement doit à l'œuvre elle-même plutôt qu'aux circonstances.

Questionnaire sur l'œuvre

Une tragédie classique conforme à la règle des trois unités

Unité de lieu

Où l'action de cette tragédie se déroule-t-elle ? Par quelles circonstances les personnages de Phèdre, d'Hippolyte et d'Aricie s'y trouvent-ils réunis ?

Unité de temps

Dans son essai consacré à Racine, Thierry Maulnier souligne la concentration temporelle de l'action tragique : « [...] la tragédie crée sa propre nécessité, plus rigoureuse et plus précipitée que l'enchaînement réel des faits, si hâtive, si impatiente de la mort qu'elle règle en une heure le sort des batailles, soulève et apaise en une minute la révolte d'un camp, amène avec une promptitude miraculeuse non pas même en vue du port, mais sur la scène, le mari disparu[1]. » Dans *Phèdre,* quels sont les trois événements funestes qui se succèdent en l'espace d'une seule et même journée et qui sont révélés dans les deux derniers actes de la pièce ?

---

1. Thierry Maulnier, *Racine*, *op. cit.*, p. 97.

Unité d'action

1. L'annonce de la mort de Thésée entraîne une crise de succession : à quel titre Phèdre, Hippolyte et Aricie peuvent-ils également prétendre au trône ?
2. Quels sont les liens qui unissent par ailleurs ces trois prétendants ?
3. En relisant les deux scènes entre Hippolyte et Aricie (acte II, scène 2) et entre Phèdre et Hippolyte (acte II, scène 5), vous montrerez que les personnages amoureux prennent prétexte de la situation politique pour faire l'aveu de leur amour.
4. Montrez que, loin d'être simplement parallèle à la passion de Phèdre pour son beau-fils, l'amour d'Hippolyte et d'Aricie joue un rôle essentiel dans le dénouement de la pièce (acte IV).

Phèdre : tragédie régulière ou poème infernal ?

Le retour de Thésée des Enfers divise la pièce en deux parties strictement égales. Loin de ne jouer qu'un rôle dramatique, cette « catastrophe » fait basculer la pièce, régie jusqu'alors par les principes ordinaires de vertu morale et de logique rationnelle, dans une atmosphère infernale et baroque où le mensonge et la haine triomphent.

Actes I et II

L'harmonie fragile de la première moitié de la pièce s'exprime par des lignes dramatiques parallèles et par une progression cohérente de l'action.

1. À trois reprises dans les deux premiers actes, un personnage fait l'aveu de son amour à un confident. Identifiez ces scènes et relevez les points communs entre ces trois aveux.
2. Théramène et Œnone sont chacune dans une même situation à l'égard d'Hippolyte et de Phèdre au début de la pièce, laquelle ?
3. L'aveu d'Hippolyte à Aricie (acte II, scène 2) et de Phèdre à Hippolyte (acte II, scène 5) relèvent d'une même stratégie rhétorique, laquelle ?

4. Hippolyte (acte I, scène 1) et Phèdre (acte I, scène 3) jugent que leur flamme est coupable ; pourquoi ?
5. Ils partagent une même vision idéale de Thésée, laquelle ?

Actes III, IV et V

Ce parallélisme s'interrompt brusquement avec le retour de Thésée. Fondée sur une culpabilité tragique, la communauté de destin des héros laisse place à une défiance réciproque et à la malveillance mensongère.

1. Confrontés au retour de Thésée, Phèdre (acte III, scène 3-acte IV, scène 5) et Hippolyte (acte IV, scène 5) adoptent deux attitudes opposées : lesquelles ?
2. Alors que la sincérité caractérisait chaque aveu amoureux, dans la première moitié de la pièce, c'est le mensonge qui tient lieu de vérité dans les trois derniers actes. De quel odieux mensonge Thésée est-il en effet convaincu ? Quelle parole sincère considère-t-il au contraire comme une imposture ?
3. Le mensonge triomphe de la vérité et, avec lui, le principe de haine l'emporte sur les lois de l'amour. Quelles sont les conséquences de ce basculement ?
4. Dans *Sur Racine*, Roland Barthes écrit : « [...] le monstrueux menace tous les personnages ; ils sont tous monstres les uns pour les autres, et tous aussi chasseurs de monstres[1]. » Alors que, dans la première partie de la pièce, la dénomination de « monstre » n'avait été appliquée qu'une fois, à elle-même, par Phèdre, elle se répand dans la seconde moitié et semble contaminer tous les personnages. Relevez ces différentes occurrences.

1. Roland Barthes, *Sur Racine*, Seuil, 1963, rééd. coll. « Points », 1979, p. 120-121.

Héroïsme et merveilleux

1. Quel rôle la fatalité divine joue-t-elle dans le déroulement du drame ? Identifiez l'influence de Neptune et de Vénus. Cette influence innocente-t-elle de leurs crimes Phèdre et Thésée ?
2. Thésée est-il descendu aux Enfers pour de nobles et héroïques motifs (acte III, scène 5) ?
3. Aux yeux d'Hippolyte et de Phèdre, l'héroïsme de Thésée est entaché par son inconstance amoureuse. Montrez que c'est cette faiblesse même qui l'empêche de croire en l'amour d'Hippolyte pour Aricie et de reconnaître l'innocence de son fils.
4. Quel est l'accessoire abandonné aux mains de Phèdre qui permet à Œnone d'accuser Hippolyte d'avoir recouru à la violence contre sa maîtresse ? En quoi cet objet est-il symbolique ?
5. Le motif du monstre hante l'intégralité de la pièce, d'abord de façon métaphorique, puis littéralement. Dans quelle mesure peut-on dire que les circonstances de la mort d'Hippolyte confèrent au fils l'héroïsme qui lui faisait défaut tout en faisant déchoir Thésée du sien ?

Microlectures

Microlecture n° 1 : l'aveu de Phèdre à Œnone (« Mon mal vient de plus loin », acte I, scène 3, v. 269 à 316)

Lors du premier aveu de son coupable amour à Œnone, Phèdre retrace les origines et la genèse de ses sentiments. Le récit des circonstances de sa rencontre avec Hippolyte laisse bientôt place à l'expression d'une passion furieuse à laquelle elle a tenté d'opposer une résistance forcenée. Loin de la soulager, cette confession ne fait qu'inscrire plus vivement dans sa chair la conscience de sa faute.

1. Une aliénation sensible

A. Relevez les indices de la confusion grandissante dont Phèdre est la proie. Vous noterez notamment de quelle façon le langage de l'émotion remplace l'exposé factuel.

B. Quels sont les effets physiques et mentaux que provoque la passion ?

C. La vision est un des symptômes de la confusion amoureuse de Phèdre. Vous montrerez que l'héroïne passe d'une vision réelle (v. 273) à une vision de l'esprit (v. 277), pour ensuite sombrer dans l'hallucination (v. 306).

D. En quoi consiste la violence expressive de cette hallucination finale qui vient couronner la métaphore filée de l'amour maladif ?

2. Les avatars de la fatalité

A. Quels sont les différents moyens mis en œuvre par Phèdre pour faire taire sa passion ? Sont-ils tous sanctionnés par l'échec ?

B. Quelles sont les différentes formes de fatalité qui compromettent ces tentatives ? Relèvent-elles toutes de la transcendance divine ?

C. La violence de la passion est ici suggérée par des références aux pratiques et aux réalités païennes ; lesquelles ?

D. Pourquoi peut-on parler d'une confusion entre amour profane et amour sacré ?

3. Un désespoir janséniste

A. Relevez les marques d'énonciation et les figures stylistiques qui traduisent le repli solitaire de l'héroïne sur elle-même.

B. Montrez que l'échec qui sanctionne les différentes stratégies de divertissement auxquelles Phèdre a recours oblige finalement l'héroïne à reconnaître le caractère tragique de sa destinée.

C. Sur quelle perspective débouche cette confession : le pardon, le rachat de la faute ou bien, au contraire, la conscience redoublée du péché et de la damnation ?

D. Loin d'avoir dissuadé Phèdre de son dessein de mort, ce premier aveu à Œnone ne fait que renforcer ce projet. Sur quelle prière la tirade s'achève-t-elle ? Qu'annonce-t-elle déjà ?

Microlecture n° 2 : l'aveu de Phèdre à Hippolyte (« Oui, prince, je languis, je brûle pour Thésée », acte II, scène 5, v. 634-662)

L'aveu direct de son amour de la part de Phèdre constituerait une entrave aux lois de la bienséance comme à celles de la vraisemblance. Avant d'épancher toute la fureur de sa passion (v. 670-711), l'héroïne se livre donc, dans cette scène d'aveu, à un subterfuge fantasmatique : elle invite Hippolyte à revisiter avec elle la scène héroïque de Thésée et du Minotaure dans le labyrinthe crétois. Cette stratégie rhétorique passe dans un premier temps par un système de glissements énonciatifs et de ruses de l'imagination, mais bien vite la fureur amoureuse l'emporte sur les précautions du discours.

1. Les ruses du discours

A. Dans les premiers vers, Phèdre semble se livrer à une déclaration d'amour posthume envers son mari. Mais elle prend soin de bannir de son évocation certains traits de caractère et certaines actions de Thésée ; lesquels ?

B. Selon Phèdre, quels sont les motifs de l'expédition de Thésée aux Enfers ? En quoi cette interprétation est-elle incompatible avec toute glorification du héros ?

C. Dans ce portrait, relevez les incohérences qui suggèrent que Phèdre est en proie à un délire fantasmatique : alliance d'adjectifs antinomiques, contradiction, épanorthose[1]...

D. Observez les marques d'énonciation qui permettent à Phèdre de substituer insensiblement le personnage d'Hippolyte à celui de Thésée. Quelle est la caractéristique du personnage d'Hippolyte qui permet la substitution définitive ?

1. ***Épanorthose*** : figure rhétorique de description qui repose sur un système d'opposition, et qui consiste à reprendre et à corriger la formulation d'un membre de phrase considéré comme trop faible en accentuant la force d'affirmation de la séquence suivante.

2. Le fantasme héroïque

A. Quel exploit Phèdre réattribue-t-elle à Hippolyte au cours de cette scène fantasmatique ?

B. Une deuxième substitution épique se superpose à celle d'Hippolyte et de Thésée, laquelle ?

C. En quoi cette nouvelle version fantasmatique de la descente au Labyrinthe diffère-t-elle du mythe originel ?

D. En se projetant dans ce scénario épique, Phèdre semble vouloir se perdre elle-même et perdre son amant. Comment s'y prend-elle ?

3. Le symbolisme du Labyrinthe

A. En modifiant par l'imagination le comportement du personnage auquel elle s'identifie (v. 660), Phèdre se condamne à rester prisonnière du Labyrinthe. Ce faisant, ne suggère-t-elle pas sa métamorphose en un autre élément du mythe ? Lequel ? Citez, dans la suite de cette scène, le passage qui confirme cette analogie.

B. Cette transposition de l'épisode du Minotaure permet à Phèdre de glorifier le personnage d'Hippolyte, mais elle symbolise également l'égarement et la nocivité de la passion amoureuse. Quelle issue cette projection fantasmatique laisse-t-elle pressentir pour le personnage d'Hippolyte ?

Microlecture n° 3 : le bannissement du fils par le père (« Perfide, oses-tu bien te montrer devant moi ? », acte IV, scène 2, v. 1044-1118)

Cette scène oppose en un terrible face-à-face le père et le fils et amorce l'ascension finale vers le paroxysme tragique de la pièce. Convaincu par la calomnie d'Œnone et sous le coup d'une colère ombrageuse et sourde, Thésée voue son fils aux châtiments de Neptune sans même daigner écouter sa défense. Face à ce déchaînement de haine paternelle, Hippolyte reste interdit.

1. Une condamnation immédiate

A. Relevez la triple injonction proférée par Thésée : quelle sanction prononce-t-il d'emblée contre son fils ?

B. À quoi ne cesse-t-il de comparer son fils ? Relevez les expressions infamantes qu'il utilise à son égard.

C. En quoi peut-on dire que cet échange est moins un dialogue qu'une juxtaposition de monologues ? Vous montrerez notamment que Thésée change d'interlocuteur au fil de sa tirade et que la première réplique d'Hippolyte ressemble à un aparté.

2. L'ironie tragique d'une justice arbitraire

A. Quelle ironie tragique y a-t-il de la part de Thésée à reprocher à Hippolyte d'avoir lâchement compté sur le silence de Phèdre (v. 1081-1082) ?

B. Hippolyte cherche à se défendre des faits dont on l'accuse à l'aide de sa réputation et en rappelant la chasteté de son existence. Comment Thésée retourne-t-il ces arguments contre son fils ?

C. En sollicitant l'intervention de Neptune pour châtier son fils, Thésée est lui-même victime d'une ironie tragique ; laquelle ?

3. Le plaidoyer du fils et le procès du père

A. À la hâte accusatrice du père, s'oppose la dignité silencieuse du fils. Quand il se résout enfin à se défendre, Hippolyte a recours à des arguments de psychologie générale et insiste sur l'intégrité de son être. Puis il rappelle la chasteté qui le caractérise. En quoi ces deux arguments sont-ils particulièrement mal adaptés à son interlocuteur ?

B. Pour preuve de son innocence, Hippolyte rappelle ses origines. Quelle est la filiation dont il se recommande tout particulièrement ? Pourquoi ne se réfère-t-il pas à son ascendance paternelle ?

C. Dans quelle mesure la pureté innocente d'Hippolyte révèle-t-elle l'imperfection héroïque de Thésée ?

Microlecture n° 4 : le récit de Théramène (« À peine nous sortions des portes de Trézène », acte V, scène 6, v. 1498-1540)

Banni par son père qu'il n'a pu convaincre de son innocence, Hippolyte a fui Trézène en compagnie de son escorte et de Théramène, sur son char. Mais la malédiction de Neptune appelée sur sa tête par Thésée ne tarde pas à s'accomplir. Théramène, profondément affligé par le trépas d'Hippolyte, revient à Trézène en faire le récit à Thésée. Incompatible avec les règles de la bienséance et de la vraisemblance, la mort d'Hippolyte fait l'objet d'un récit différé, appelé hypotypose[1], dont la vigueur épique et le souffle baroque conjurent le risque de statisme. Malgré sa dimension narrative et descriptive, ce dénouement tragique opère une puissante *catharsis* (purification des passions) en rendant un hommage funèbre au héros martyr.

1. Un paroxysme tragique et pathétique

A. Quels sont les signes avant-coureurs de la catastrophe ? En relevant le champ lexical de l'abattement, montrez que le début du récit est placé sous le signe d'une unité d'émotion.

B. De quelle manière le témoignage et les interventions de Théramène accentuent-ils la force pathétique de ce poème dramatique ? Montrez que la présence de Théramène pendant l'événement est aussi une caution de vraisemblance.

C. Quelles sont les circonstances exactes de la mort d'Hippolyte ? Au regard des habitudes d'Hippolyte, dites en quoi elles relèvent de l'ironie tragique.

2. Un opéra cosmique et baroque

A. À la tristesse solennelle du début, succède le déchaînement apocalyptique des éléments lorsque surgit le monstre. Énumérez leurs manifestations.

---

1. ***Hypotypose*** : voir note 1, p. 24. Pour l'orateur latin Quintilien, l'hypotypose est « l'image des choses, si bien représentée par la parole que l'auditeur croit plutôt la voir que l'entendre » (*De oratore*, IX, 2, 40). Elle permet la composition de vastes tableaux poétiques.

B. Relevez les différentes sensations évoquées. Quel sentiment général convoquent-elles ?
C. Un principe de chaos et de désordre cosmique contamine toute la scène. Relevez les échos et les effets de symétrie qui orchestrent le spectacle : symétrie du mouvement ascensionnel ; personnification des éléments ; etc.
D. De quelle esthétique relève la description du monstre ? Justifiez votre réponse.

3. La glorification épique du héros

A. Quelles sont les qualités héroïques dont fait preuve Hippolyte ?
B. Comment Racine accentue-t-il encore le suspens dramatique du récit ?
C. Montrez que l'exploit confère au héros une gloire qui jusqu'alors lui faisait défaut.

Débats contradictoires entre ancienne et nouvelle critique

Paul Bénichou, *Morales du Grand Siècle*, « Racine » (1948)

Dans son ouvrage *Morales du Grand Siècle*, Paul Bénichou examine l'influence des conceptions morales et des croyances religieuses en cours à l'âge classique sur les grands auteurs que sont Corneille, Racine et Molière. Il décèle chez chacun d'entre eux les traces d'une opposition entre certaines valeurs féodales et des principes nouveaux, qui se traduit notamment par la démolition du héros épique traditionnel.

Avec *Andromaque* se dessine une psychologie de l'amour, que Racine a reprise et approfondie ensuite, surtout dans *Bajazet* et dans *Phèdre*, et qui est, dans son théâtre, l'élément le plus ouvertement et le plus violemment contraire à la tradition. Autour de Racine, dans le théâtre tragique de son temps et dans les romans qui avaient la faveur du public, triomphait partout l'esprit, plus ou moins modernisé, de la chevalerie romanesque. [...] Racine a rompu la tradition, en introduisant dans la tragédie un amour violent et meurtrier, contraire en tout point aux habitudes courtoises. Le caractère dominant de l'amour chevaleresque réside dans la soumission ou le dévouement à la personne aimée ; il ne se permet d'aspirer à la possession que moyennant une sublimation préalable de tous ses mouvements. Racine détruit d'un trait de plume toute cette construction quand il écrit dans la préface d'*Andromaque*, en réponse à ceux qui trouvaient Pyrrhus trop brutal : « J'avoue qu'il n'est pas assez résigné à la volonté de sa maîtresse et que Céladon a mieux connu que lui le parfait amour. Mais que faire ? Pyrrhus n'avait pas lu nos romans. » De fait l'amour tel qu'il apparaît chez les deux personnages principaux d'*Andromaque*, n'a plus rien de commun avec le dévouement : c'est un désir jaloux, avide, s'attachant à l'être aimé comme à une proie ; ce n'est plus un culte rendu à une personne idéale, en qui résident toutes les valeurs de la vie. Le comportement le plus habituel de cet amour, dans lequel la passion de posséder est liée à une insatisfaction profonde, au point qu'on le conçoit malaisément heureux et partagé, est une agressivité violente à l'égard de l'objet aimé, sitôt qu'il fait mine de se dérober. [...]

Les racines confondues de l'inimitié et de l'amour ne plongent nulle part aussi profondément que dans le cœur de Phèdre. La haine de celui qu'elle aime emprunte chez elle un surcroît de force à l'impossibilité morale où elle se trouve de s'abandonner à son désir. Parce que l'amour qu'elle a pour Hippolyte la persécute, elle le voit lui-même comme un persécuteur :

Mon repos, mon bonheur semblait être affermi ;
Athènes me montra mon superbe ennemi. [...]
Par mon époux lui-même à Trézène amenée,
J'ai revu l'ennemi que j'avais éloigné.

Cet état de torture passive n'attend qu'une occasion pour se changer en agression : la découverte des amours d'Hippolyte et d'Aricie libère la haine latente de Phèdre; elle dénonce à Thésée son innocent persécuteur en lui imputant son propre crime. De sorte que Phèdre nous représente un vrai délire de persécution, issu d'un amour coupable et aboutissant à un attentat. [...] la passion brutale et possessive que Racine a substituée à l'amour idéal de la chevalerie, en même temps qu'elle se meut dans les limites de la nature, est impuissante à y trouver son aliment et son équilibre : c'est par là surtout que la psychologie de Racine se rattache aux vues inhumaines de Port-Royal.

Paul Bénichou, «Racine», dans *Morales du Grand Siècle*,
© Gallimard, 1948, rééd. coll. «Folio», 1988.

1. Quel est le thème par le biais duquel Racine rompt définitivement avec la tradition courtoise ?
2. Comment Racine justifie-t-il la brutalité de certains de ses personnages, et notamment de Pyrrhus ? Bien qu'ayant l'apparence d'une boutade, sa réponse manifeste aussi le souci de se conformer à l'une des règles classiques de la poétique tragique. Laquelle ? Expliquez.
3. Dans *Phèdre*, quelles sont les scènes qui vous paraissent encore relever d'une certaine tradition courtoise et offrir le tableau d'un amour tendre et réciproque ?
4. Selon Paul Bénichou, à quelle sensibilité théologique cette spécificité du traitement amoureux rattache-t-elle Racine ?

Thierry Maulnier, *Racine* (1936)

Dans sa monographie critique consacrée à Racine, Thierry Maulnier (1909-1988), académicien, analyse l'originalité fondamentale du tragique racinien en même temps que son inscription indélébile dans la tradition classique.

Phèdre est le plus beau sujet humain qu'ait traité Racine parce qu'il y met en scène l'être le plus sensuel et le plus pur, le plus attirant et le plus criminel, le plus complexe. Mais *Phèdre* ne serait pas *Phèdre*, si le drame n'était enveloppé de son jour légendaire, si la femme qui aime n'était poursuivie de la haine de Vénus, si le père offensé n'appelait à son aide Neptune, si ce père n'était un dompteur de monstres, et si un monstre n'était envoyé contre son fils, si les héros n'étaient pas fils, frère ou cousin germain de Dieu. Chaque geste est ainsi grandi et multiplié : les chocs de ces êtres passionnés reflètent les chocs de races mythiques et de volontés sacrées. Racine ne nous laisse pas un instant oublier que cette femme est sœur du Minotaure, que ce héros garde la renommée des combats livrés aux Centaures[1] dans leurs royaumes et sur leurs couches aux Amazones, la gloire d'une déesse violée dans le lit d'un roi souterrain. Est-ce Phèdre, ou est-ce Vénus ? Est-ce Hippolyte, ou est-ce Diane ? Est-ce Thésée, ou est-ce Neptune ? Chaque acteur a son dieu tutélaire ou persécuteur. Un monde fantastique affleure en chacun de ces personnages, les actions divines sont mêlées au drame humain et trouvent en lui leur écho.

Thierry Maulnier, *Racine*, « Iphigénie en Tauride »,
© Gallimard, 1936, p. 249.

Christian Delmas, *Mythologie et mythe dans le théâtre français (1650-1676)*, « La Mythologie dans *Phèdre* » (1985)

Dans le texte qui suit, Christian Delmas analyse le rôle de la mythologie dans l'œuvre de Racine. Selon lui, loin de jouer un rôle dramatique véritable dans l'intrigue, les références aux divinités antiques participent plutôt d'une atmosphère générale, ou bien permettent de figurer de façon symbolique l'aveuglement psychologique des personnages.

Phèdre perpétue la tradition de la tragédie classique, qui se déroule sur un plan exclusivement humain. L'inconsistance de l'univers des dieux est rendue plus sensible encore par la divergence des conceptions que s'en font les divers personnages : le pieux Hippolyte a foi en la providence divine et adresse des vœux à Diane et à Junon [acte V, scène 1, v. 1403-1406], tandis qu'Aricie les soupçonne de se jouer des hommes, malgré le pacte personnel qui lie Neptune à Thésée [acte V, scène 3, v. 1435-1438] ; Phèdre, elle, les sent

---

1. ***Centaures*** : créatures mythologiques mi-hommes mi-chevaux.

ouvertement attachés à la perte des mortels [acte V, scène 6, v. 1289] alors qu'Œnone les voit à son image, complaisants aux amours illégitimes, qu'ils ne détestent pas pour leur propre compte [acte IV, scène 6, v. 1304-1306]. La même philosophie de la liberté sous-tend la dramaturgie racinienne et la dramaturgie cornélienne : ce qui était fatalité est devenu hasard qui place Phèdre sous la protection de celui qu'elle avait exilé, hasard des rumeurs incontrôlées, qui font mourir puis ressusciter Thésée, selon un procédé éprouvé dans *Mithridate*. En toute objectivité, Phèdre possède à tout moment le pouvoir d'agir sur son destin. Elle a résisté à l'amour, elle a exilé Hippolyte, aujourd'hui elle se cache de lui et peut à tout instant mourir pour échapper à sa passion : cette décision, prise à l'acte I, elle l'exécute à l'acte V – le retard ne peut être imputé qu'à elle-même.

Christian Delmas, « La Mythologie dans Phèdre »,
dans *Mythologie et mythe dans le théâtre français (1650-1676)*,
© Droz, 1985, p. 247-248.

1. Sur quel point précis de l'interprétation les avis de Thierry Maulnier et de Christian Delmas divergent-ils ?
2. Quels sont, pour Thierry Maulnier, les éléments ou les épisodes de la tragédie qui sont très explicitement marqués par l'empreinte mythologique de la fable ?
3. Comment Christian Delmas s'y prend-il pour rationaliser certaines des péripéties qui adviennent dans la tragédie ?

Paul Valéry, *Variétés V*, « Sur Phèdre femme » (1944)

Dans ce recueil d'articles esthétiques sur la poésie, la peinture, le théâtre, l'architecture, la politique et bien d'autres matières, le poète et critique français Paul Valéry (1871-1945) souligne la force animale du désir amoureux chez Phèdre, dont la puissante peinture exclut les autres personnages dans le souvenir du spectateur.

L'ouvrage lu, le rideau fermé, il me demeure de Phèdre l'idée d'une certaine femme, l'impression de la beauté du discours – effets et valeurs durables, valeurs d'avenir en moi. [...]

L'émotion née de la présence et de la condensation du drame s'évanouit avec le décor, tandis que les yeux fixés longtemps, le cœur saisi se divertissent de la contrainte qu'exerçait sur l'être la scène lumineuse et parlante.

Tous, moins la reine; le misérable Hippolyte, à peine fracassé sur la rive retentissante, le Théramène, aussitôt son rapport déclamé, le Thésée, Aricie, Œnone, et Neptune lui-même, l'Invisible, se fondent au plus vite dans leur absence : ils ont cessé de faire semblant d'être, n'ayant été que pour servir le principal dessein de l'auteur. Ils n'avaient point substance de durer et leur histoire les épuise. Ils ne vivent que le temps d'exciter les ardeurs et les fureurs, les remords et les transes d'une femme typiquement «aliénée» par le désir : ils s'emploient à lui faire tirer de son sein racinien les plus nobles accents de concupiscence[1] et de remords que la passion ait inspirés. Ils ne survivent pas, mais Elle survit. L'œuvre se réduit dans le souvenir à un monologue; et passe en moi de l'état dramatique initial à l'état lyrique pur – car le lyrisme n'est que la transfiguration d'un monologue.

L'Amour, en Phèdre exaspéré, n'est point du tout celui qui est si tendre en Bérénice. Seule, ici, la chair règne. Cette voix souveraine appelle impérieusement la possession du corps aimé et ne vise qu'un but : l'extrême accord des jouissances harmoniques. Les images les plus intenses sont alors maîtresses d'une vie, déchirent ses jours et ses nuits, ses devoirs et ses mensonges. La puissance de l'ardeur voluptueuse renaissante sans cesse et non assouvie agit à l'égal d'une lésion, source intarissable de douleur qui s'irrite elle-même, car une douleur ne peut que croître tant que la lésion subsiste. C'est là sa loi. Il est de son essence affreuse que l'on ne puisse s'accoutumer à elle, qu'elle se fasse une atroce présence toujours nouvelle. Ainsi d'un amour intraitable établi dans sa proie.

En Phèdre, rien ne voile, n'adoucit, n'ennoblit, n'orne, ni n'édifie l'accès de la rage du sexe. L'esprit, ses jeux profonds, légers, subtils, ses échappées, ses lueurs, ses curiosités, ses finesses, ne se mêlent point de distraire ou d'embellir cette passion de l'espèce la plus simple. Phèdre n'a point de lecture. Hippolyte est peut-être un

1. ***Concupiscence*** : désir sensuel.

niais. Qu'importe ? La Reine incandescente n'a besoin d'esprit que comme instrument de vengeance, inventeur de mensonges, esclave de l'instinct. Et quant à l'âme, elle se réduit à son pouvoir obsédant, à la volonté dure et fixe de saisir, d'induire à l'œuvre vive sa victime, de geindre et de mourir de plaisir avec elle.

Paul Valéry, « Sur Phèdre femme », dans *Variétés V*, © Gallimard, 1944.

Jean-Louis Barrault, *Mise en scène de Phèdre de Racine* (1972)

Dans cet ouvrage, le metteur en scène Jean-Louis Barrault (1910-1994) commente longuement les choix de mise en scène qui sont les siens pour représenter *Phèdre* de Racine, pièce qu'il a montée en 1942 à la Comédie-Française avec Marie Bell dans un décor de Jean Hugo.

Il faut se rappeler que la première édition s'intitulait « Phèdre et Hippolyte ». Quel profit devons-nous tirer de ce fait ? Il faudra bien veiller à ce que la représentation ne fasse pas penser à un concerto ; à ce que toute l'attention ne se concentre pas sur Phèdre aux dépens des autres personnages. Nous ne sommes pas devant un personnage entouré de comparses. Il faudra veiller à ce que Phèdre, comme les autres, serve *un Tout*. Mettre en valeur une œuvre d'art et non « une reine incandescente ». Faire jouer avec la précision d'un mouvement d'horlogerie *une Troupe,* et non pas donner la réplique à une célèbre tragédienne. « Phèdre femme » doit de nouveau s'incorporer dans « Phèdre tragédie ». Enfin, pour employer un terme d'argot de théâtre : se garder que Phèdre « tire à soi la couverture ». C'est un excès dans lequel tombèrent beaucoup de tragédiennes. Phèdre n'est pas un concerto pour femme, c'est une symphonie pour orchestre d'acteurs.

Jean Louis Barrault, *Mise en scène de Phèdre de Racine*, © Seuil, 1972.

1. Énoncez les thèses contradictoires de Paul Valéry et de Jean-Louis Barrault sur la pièce de Racine.
2. En quoi l'analyse de Jean-Louis Barrault rejoint-elle celle de Paul Bénichou ?
3. À quelles citations précises voit-on que les déclarations de Jean-Louis Barrault visent de façon polémique les analyses de Paul Valéry ?

Prolongement : « Du texte à la représentation »

1. Selon que votre jugement sur la pièce est plus proche de celui de Thierry Maulnier ou de Christian Delmas, en ce qui concerne le rôle de la mythologie dans *Phèdre*, formulez quelques partis pris de mise en scène illustrant votre lecture de l'œuvre.

2. Même chose pour ce qui est de l'importance relative des personnages par rapport à Phèdre : selon que votre jugement se rapproche de celui de Paul Valéry ou, au contraire, de celui de Jean-Louis Barrault, énoncez quelques idées de mise en scène possible.

Les échos de *Phèdre* dans les œuvres de fiction romanesque

Mythe universel auquel Racine a conféré une immortelle gloire, *Phèdre* ne cesse de réapparaître dans le patrimoine littéraire français. Mais ses références et ses emplois sont infiniment variés dans leurs formes : la pièce de Racine peut être convoquée au titre de référence culturelle, comme c'est le cas dans *La Curée*, de Zola, ou bien comme un archétype anthropologique et artistique pour comprendre la psyché humaine, comme dans le passage de la *Recherche* que nous allons étudier, ou enfin comme un matériau propice par ses résonances inconscientes à l'investigation psychanalytique.

Émile Zola, *La Curée* (1895)

Dans ce second roman du cycle des *Rougon-Macquart* qui retrace l'« histoire naturelle et sociale d'une famille », le romancier a voulu montrer la dégénérescence d'une femme fragile, Renée, sous les effets conjugués du luxe et de la honte dans le contexte décadent du second Empire. Mariée de force avec Saccard, un spéculateur immobilier sans vergogne, Renée tombe amoureuse de son fils, Maxime, avec lequel elle vit une relation passionnée et incestueuse. Les deux amants assistent par hasard à une représentation de *Phèdre*, la tragédie de Racine.

Un soir, ils allèrent ensemble au Théâtre-Italien. Ils n'avaient seulement pas regardé l'affiche. Ils voulaient voir une grande tragédienne italienne, la Ristori[1], qui faisait alors courir tout Paris, et à laquelle la mode leur commandait de s'intéresser. On donnait *Phèdre*. Il se rappelait assez son répertoire classique, elle savait assez d'italien pour suivre la pièce. Et même ce drame leur causa une émotion particulière, dans cette langue étrangère dont les sonorités leur semblaient, par moments, un simple accompagnement d'orchestre soutenant la mimique des acteurs. Hippolyte était un grand garçon pâle, très médiocre, qui pleurait son rôle. « Quel godiche ! » murmurait Maxime. Mais la Ristori, avec ses fortes épaules secouées par les sanglots, avec sa face tragique et ses gros bras, remuait profondément Renée. Phèdre était du sang de Pasiphaé, et elle se demandait de quel sang elle pouvait être, elle, l'incestueuse des temps nouveaux. Elle ne voyait de la pièce que cette grande femme traînant sur les planches le crime antique. Au premier acte, quand Phèdre fait à Œnone la confidence de sa tendresse criminelle ; au second, lorsqu'elle se déclare, toute brûlante, à Hippolyte ; et, plus tard, au quatrième, lorsque le retour de Thésée l'accable, et qu'elle se maudit, dans une crise de fureur sombre, elle emplissait la salle d'un tel cri de passion fauve, d'un tel besoin de volupté surhumaine, que la jeune femme sentait passer sur sa chair chaque frisson de son désir et de ses remords. « Attends, murmurait Maxime à son oreille, tu vas entendre le récit de Théramène. Il a une bonne tête le vieux ! » Et il murmura d'une voix creuse : « À peine nous sortions des portes de Trézène, Il était sur son char... » Mais Renée, quand le vieux parla, ne regarda plus, n'écouta plus. Le lustre l'aveuglait,

1. *Phèdre* de Racine, après avoir été traduite en italien, fut jouée à Paris à plusieurs reprises, avec, dans le rôle de Phèdre, Adélaïde Ristori, célèbre actrice italienne.

des chaleurs étouffantes lui venaient de toutes ces faces pâles tendues vers la scène. Le monologue continuait, interminable. Elle était dans la serre, sous les feuillages ardents, et elle rêvait que son mari entrait, la surprenait aux bras de son fils. Elle souffrait horriblement, elle perdait connaissance, quand le dernier râle de Phèdre, repentante et mourant dans les convulsions du poison, lui fit rouvrir les yeux. La toile tombait. Aurait-elle la force de s'empoisonner, un jour ? Comme son drame était mesquin et honteux à côté de l'épopée antique ! Et tandis que Maxime lui nouait sous le menton sa sortie de théâtre[1], elle entendait encore gronder derrière elle cette rude voix de la Ristori, à laquelle répondait le murmure complaisant d'Œnone. Dans le coupé, le jeune homme causa tout seul, il trouvait en général la tragédie « assommante », et préférait les pièces des Bouffes. Cependant Phèdre était « corsée ». Il s'y était intéressé, parce que… Et il serra la main de Renée, pour compléter sa pensée. Puis une idée drôle lui passa par la tête, et il céda à l'envie de faire un mot : « C'est moi, murmura-t-il, qui avais raison de ne pas m'approcher de la mer, à Trouville. »

Renée, perdue au fond de son rêve douloureux, se taisait. Il fallut qu'il répétât sa phrase.

« Pourquoi ? » demanda-t-elle étonnée, ne comprenant pas.

« Mais le monstre… »

Et il eut un petit ricanement. Cette plaisanterie glaça la jeune femme. Tout se détraqua dans sa tête.

Émile Zola, *La Curée*, chapitre V.

1. De quelle manière Zola suggère-t-il que la relation incestueuse qui unit Renée et Maxime n'est qu'une pâle et vulgaire réplique de la tragédie antique ?
2. Comment se traduit l'identification violente de Renée à Phèdre ? Maxime est-il en proie à la même émotion ? Pourquoi ses commentaires sont-ils cruellement déplacés ?
3. Recherchez la définition du « burlesque ». En quoi peut-on dire que le couple Renée-Maxime est un contrepoint burlesque de celui de Phèdre et Hippolyte ?

---

1. ***Sortie de théâtre*** : grand manteau ample en forme de cape.

Marcel Proust, *À la recherche du temps perdu, Albertine disparue* (1913- 1927)

Tout au long d'*À la recherche du temps perdu*, la pièce *Phèdre* de Racine accompagne l'évolution du narrateur. Tantôt – interprétée par la grande actrice la Berma et commentée par l'écrivain Bergotte – elle sert de support à une initiation esthétique, tantôt elle apparaît comme une sorte de reflet existentiel de la vie affective du narrateur à l'aune duquel il lui est loisible d'expliquer certains ressorts de la psychologie amoureuse. C'est le cas du passage qui suit où le narrateur affine son interprétation de la scène de déclaration de Phèdre à Hippolyte à la lumière des relations contrariées qu'il a vécues avec Gilberte puis avec Albertine. La tragédie racinienne, porteuse de ces échos intimes, apparaît alors rétrospectivement comme « une sorte de prophétie ».

J'ouvris le journal, il annonçait une représentation de la Berma. Alors je me souvins des deux façons différentes dont j'avais écouté *Phèdre*, et ce fut maintenant d'une troisième que je pensai à la scène de la déclaration. Il me semblait que ce que je m'étais si souvent récité à moi-même, et que j'avais écouté au théâtre, c'était l'énoncé des lois que je devais expérimenter dans ma vie. Il y a dans notre âme des choses auxquelles nous ne savons pas combien nous tenons. Ou bien si nous vivons sans elles, c'est parce que nous remettons de jour en jour, par peur d'échouer, ou de souffrir, d'entrer en leur possession. C'est ce qui m'était arrivé pour Gilberte quand j'avais cru renoncer à elle. Qu'avant le moment où nous sommes tout à fait détachés de ces choses – moment bien postérieur à celui où nous nous en croyons détachés – la jeune fille que nous aimons, par exemple, se fiance, nous sommes fous, nous ne pouvons plus supporter la vie qui nous paraissait si mélancoliquement calme. Ou bien si la chose est en notre possession, nous croyons qu'elle nous est à charge, que nous nous en déferions volontiers. C'est ce qui m'était arrivé pour Albertine. Mais que par un départ l'être indifférent nous soit retiré, et nous ne pouvons plus vivre. Or l'« argument » de *Phèdre* ne réunissait-il pas les deux cas ? Hippolyte va partir. Phèdre qui jusque-là a pris soin de s'offrir à son inimitié, par scrupule, dit-elle, ou plutôt lui fait dire le poète, parce qu'elle ne voit pas à quoi elle arriverait et qu'elle ne se sent pas aimée, Phèdre n'y tient plus. Elle vient lui avouer son amour, et c'est la scène que je m'étais si souvent récitée : «On dit qu'un prompt départ vous éloigne de nous.» Sans doute cette raison du départ d'Hippolyte est accessoire, peut-on penser, à côté de celle de la mort de Thésée. Et de même quand, quelques vers plus loin, Phèdre fait un instant semblant d'avoir été mal comprise : «Aurais-je perdu tout le soin de ma gloire», on peut croire que c'est parce qu'Hippolyte a repoussé sa déclaration : «Madame, oubliez-vous que Thésée est mon père, et qu'il est votre époux ?» Mais il n'aurait pas eu cette indignation, que, devant le bonheur atteint, Phèdre aurait pu avoir le même sentiment qu'il valait peu de chose. Mais dès qu'elle voit qu'il n'est pas atteint, qu'Hippolyte croit avoir mal compris et s'excuse, alors, comme moi voulant rendre à Françoise ma lettre, elle veut que le refus vienne de lui, elle veut pousser jusqu'au bout sa chance : «Ah ! Cruel, tu m'as trop entendue.» Et il n'y a pas jusqu'aux duretés qu'on m'avait racontées de Swann envers Odette, ou de moi à l'égard d'Albertine, duretés qui substituèrent à l'amour antérieur un nouvel amour, fait de pitié, d'attendrissement, de besoin d'effusion et qui ne fait que varier le premier, qui ne se trouvent aussi dans cette scène : «Tu me haïssais plus, je ne t'aimais pas moins. Tes malheurs te prêtaient encor de nouveaux charmes.» La preuve que le «soin de sa gloire» n'est pas ce à quoi tient le plus Phèdre, c'est qu'elle pardonnerait à Hippolyte et s'arracherait aux conseils d'Œnone si elle n'apprenait à ce moment qu'Hippolyte aime Aricie. Tant la jalousie, qui en amour équivaut à la perte de tout bonheur, est plus sensible que la perte de la réputation. C'est alors qu'elle laisse Œnone (qui n'est que le nom de la pire partie d'elle-même) calomnier Hippolyte sans se charger «du soin de le défendre» et envoie ainsi celui qui ne veut pas d'elle à un destin dont les calamités ne la consolent d'ailleurs nullement elle-même, puisque sa mort volontaire suit de près la mort d'Hippolyte. C'est du moins ainsi, en réduisant la part de tous les scrupules «jansénistes», comme eût dit Bergotte, que Racine a donnés à Phèdre pour la faire paraître moins coupable, que m'apparaissait cette scène, sorte de prophétie des épisodes amoureux de ma propre existence.

Marcel Proust, *À la recherche du temps perdu*, *Albertine disparue*.

1. Quelles sont les lois psychologiques de l'amour que le narrateur a expérimentées au cours de sa vie et dont il trouve l'illustration dans la pièce de Racine ?
2. Dans cette troisième interprétation que le narrateur de la *Recherche* fait de la célèbre scène de la déclaration de Phèdre à Hippolyte, quel est, selon lui, le motif qui décide l'héroïne à avouer son amour ? Et d'après lui, pourquoi poursuit-elle son aveu malgré l'expression de l'indignation d'Hippolyte ?
3. Quel est, de l'orgueil ou de la jalousie, le sentiment le plus puissant chez Phèdre ? En laissant Œnone calomnier Hippolyte, Phèdre agit-elle pour assouvir une vengeance ? Argumentez votre réponse.

Serge Doubrovsky, *Fils* (1977)

Dans cette autofiction[1] (la première du genre), c'est-à-dire une « fiction d'événements et de faits strictement réels » se rapportant à l'auteur lui-même, il est question du quotidien d'un professeur de littérature française à New York qui cherche à analyser les raisons de son exil et de sa vie actuelle. Les « fils » du titre sont celui de son passé et de son présent, de sa mémoire et de son inconscient, qui se mêlent, se nouent et se dénouent au gré des réflexions, élucubrations et menues anecdotes qui composent la trame de l'œuvre. Sa relation avec sa mère et son statut de fils, que l'on retrouve aussi dans l'homonymie du titre, sont au cœur de ses méandres mentaux. S.D. doit également faire l'explication du récit de Théramène devant ses étudiants américains, et la matière de sa réflexion littéraire ne cesse de se mêler à celle d'une introspection plus inconsciente, comme

1. L'***autofiction*** est un genre littéraire qui associe au pacte autobiographique des trois identités (l'auteur est aussi le narrateur et le personnage principal) les modalités narratives de la fiction. Il s'agit d'un croisement entre un récit réel de la vie de l'auteur et un récit fictif explorant une expérience vécue par celui-ci.

dans le passage suivant où l'on retrouve le motif du monstre marin associé à un rêve nocturne.

Sur une plage (en Normandie ?). Dans une chambre d'hôtel. Je suis avec une femme. Par la fenêtre, nous regardons la plage. Je dis : « Si seulement il y avait du soleil, nous pourrions nager. » Soudain nous voyons une espèce d'animal monstrueux sortir de l'eau et ramper sur le sable (tête de crocodile, corps de tortue). Je veux tirer sur l'animal

Continue, toute une tartine. Une page entière. SI ON TRADUIT VEUT DIRE QUOI. Évident, à force de lire et de relire. Tout l'après-midi, hier, jusqu'avant-dîner. Préparé mon cours. Le récit de Théramène, l'ai emporté avec moi. Rejoué Racine dans ma boîte osseuse. Chez Racine, taureau-dragon. Chez moi, crocodile-tortue. Moitiés disparates, être double, Julien-Serge. Le monstre sort de l'eau, rampe sur le sable. Une sacrée peur. Pourtant. Normandie, pays tranquille, verdure, crème fraîche. Hôtel, vacances. Envie de nager, bien normal. Avec une femme. Une jolie situation, un beau site. C'est mon tableau préféré. Ombre au tableau. Pas de soleil. Pas si grave. Si on est en Normandie, coup de vent, vite balayé, temps change vite, on peut espérer. Et puis, le monstre. Angoisse terrible, cauchemar. La preuve, a dû me réveiller. Devenu rare, écrit en pleine nuit, crevant la digue des drogues, m'a secoué. Comme à Loch Ness, sort de l'eau. Racine. À ma manière, nouvelle version, nouvelle critique. Résonné sous ma voûte. Hier aucun écho. Relu le texte. Tyrannie de la tirade, rhétorique du récit, c'est déjà dans Euripide. Mort. Mornet[1]. Rien à dire. Autant se taire. Impossible. Parler, mon métier. Payé pour. Spitzer, Mauron[2], ouvert la voie. Le chemin de Mycènes. Il faut poursuivre. Hippolyte, pas à pas. Continuer, sais pas comment, aucune idée. Quand même, ce fameux récit. Conclut la plus grande pièce de notre plus grand théâtre. Doit être central. Essentiel. Nœud du tragique. Doit en être le dénouement. Depuis

---

1. ***Daniel Mornet*** est un critique de Racine.

2. ***Leo Spitzer*** et ***Charles Mauron*** sont également de célèbres critiques de Racine. Le premier a analysé le style du dramaturge, tandis que le second s'est attaché à une lecture psychocritique, mêlant analyse psychologique et commentaire littéraire.

le temps qu'il y a des fils aux prises avec des mères. Étéocle-Jocaste. Néron-Agrippine. Enfants menacés de mort par les pères. Xipharès-Mithridate. Iphigénie-Agamemnon.

Serge Doubrovsky, *Fils*, © Galilée, 1977 ; rééd. Gallimard, coll. « Folio », 2001 p. 85-86.

1. Comment le texte explique-t-il la présence d'un monstre marin dans le cauchemar qu'a fait le narrateur-auteur ?
2. Le début du texte correspond à la transcription lacunaire d'un rêve, tandis que la suite est une sorte de flux de conscience intérieur. Comment les enchaînements d'idées s'effectuent-ils ? Citez un exemple.
3. Le texte ne cesse d'énumérer des références disparates : des souvenirs de lectures, conscients, se mêlent à des éléments mythologiques et, enfin, à des réalités plus banales de l'existence quotidienne du narrateur-auteur. Citez des exemples relevant de chacun de ces univers de référence. Que traduit le style haché de ce texte ?

Notes et citations

Notes et citations

Les classiques et les contemporains dans la même collection

DEFOE
Robinson Crusoé (120)

DIDEROT
Entretien d'un père avec ses enfants (361)
Jacques le Fataliste (317)
Le Neveu de Rameau (2218)
Supplément au Voyage de Bougainville (189)

DOYLE
Le Dernier Problème. La Maison vide (64)
Trois Aventures de Sherlock Holmes (37)

DUMAS
Le Comte de Monte-Cristo (85)
Pauline (233)
Les Trois Mousquetaires, t. 1 et 2 (2142 et 2144)

FABLIAUX DU MOYEN ÂGE (71)

LA FARCE DE MAÎTRE PATHELIN (3)

LA FARCE DU CUVIER ET AUTRES FARCES DU MOYEN ÂGE (139)

FENWICK (JEAN-NOËL)
Les Palmes de M. Schutz (373)

FERNEY (ALICE)
Grâce et Dénuement (197)

FEYDEAU-LABICHE
Deux courtes pièces autour du mariage (356)

FLAUBERT
La Légende de saint Julien l'Hospitalier (111)
Un cœur simple (47)

GARCIN (CHRISTIAN)
Vies volées (346)

GAUTIER
Le Capitaine Fracasse (2207)
La Morte amoureuse. La Cafetière et autres nouvelles (2025)

GOGOL
Le Nez. Le Manteau (5)

GRAFFIGNY (MME DE)
Lettres d'une péruvienne (2216)

GRIMM
Le Petit Chaperon rouge et autres contes (98)

GRUMBERG (JEAN-CLAUDE)
L'Atelier (196)
Zone libre (357)

HIGGINS (COLIN)
Harold et Maude – *Adaptation de Jean-Claude Carrière* (343)

HOBB (ROBIN)
Retour au pays (338)

HOFFMANN
L'Enfant étranger (2067)
L'Homme au Sable (2176)
Le Violon de Crémone. Les Mines de Falun (2036)

HOLDER (ÉRIC)
Mademoiselle Chambon (2153)

HOMÈRE
Les Aventures extraordinaires d'Ulysse (2225)
L'Iliade (2113)
L'Odyssée (125)

HUGO
Claude Gueux (121)
L'Intervention *suivie de* La Grand'mère (365)
Le Dernier Jour d'un condamné (2074)
Les Misérables, t. 1 et 2 (96 et 97)
Notre-Dame de Paris (160)
Quatrevingt-treize (241)
Le roi s'amuse (307)
Ruy Blas (243)

JAMES
Le Tour d'écrou (236)

JARRY
Ubu Roi (2105)

KAFKA
La Métamorphose (83)

KAPUŚCIŃSKI
Autoportrait d'un reporter (360)

LABICHE
Un chapeau de paille d'Italie (114)

LA BRUYÈRE
Les Caractères (2186)

LONDON (JACK)
L'Appel de la forêt (358)

MME DE LAFAYETTE
La Princesse de Clèves (308)

LA FONTAINE
Le Corbeau et le Renard et autres fables – *Nouvelle édition des* Fables, *collège* (319)
Fables, *lycée* (367)

LANGELAAN (GEORGE)
La Mouche. Temps mort (330)

Les anthologies dans la même collection

AU NOM DE LA LIBERTÉ
Poèmes de la Résistance (106)

L'AUTOBIOGRAPHIE (2131)

BAROQUE ET CLASSICISME (2172)

LA BIOGRAPHIE (2155)

BROUILLONS D'ÉCRIVAINS
Du manuscrit à l'œuvre (157)

« C'EST À CE PRIX QUE VOUS MANGEZ DU SUCRE... » Les discours sur l'esclavage d'Aristote à Césaire (187)

CEUX DE VERDUN
Les écrivains et la Grande Guerre (134)

LES CHEVALIERS DU MOYEN ÂGE (2138)

CONTES DE SORCIÈRES (331)

CONTES DE VAMPIRES (355)

LE CRIME N'EST JAMAIS PARFAIT
Nouvelles policières 1 (163)

DE L'ÉDUCATION
Apprendre et transmettre de Rabelais à Pennac (137)

LE DÉTOUR (334)

FAIRE VOIR : QUOI, COMMENT, POUR QUOI ? (320)

FÉES, OGRES ET LUTINS
Contes merveilleux 2 (2219)

LA FÊTE (259)

GÉNÉRATION(S) (347)

LES GRANDES HEURES DE ROME (2147)

L'HUMANISME ET LA RENAISSANCE (165)

IL ÉTAIT UNE FOIS
Contes merveilleux 1 (219)

LES LUMIÈRES (158)

LES MÉTAMORPHOSES D'ULYSSE
Réécritures de L'*Odyssée* (2167)

MONSTRES ET CHIMÈRES (2191)

MYTHES ET DIEUX DE L'OLYMPE (2127)

NOIRE SÉRIE...
Nouvelles policières 2 (222)

NOUVELLES DE FANTASY 1 (316)

NOUVELLES FANTASTIQUES 1
Comment Wang-Fô fut sauvé et autres récits (80)

NOUVELLES FANTASTIQUES 2
Je suis d'ailleurs et autres récits (235)

ON N'EST PAS SÉRIEUX QUAND ON A QUINZE ANS Adolescence et littérature (156)

PAROLES DE LA SHOAH (2129)

LA PEINE DE MORT
De Voltaire à Badinter (122)

POÈMES DE LA RENAISSANCE (72)

POÉSIE ET LYRISME (173)

LE PORTRAIT (2205)

RACONTER, SÉDUIRE, CONVAINCRE
Lettres des XVIIe et XVIIIe siècles (2079)

RÉALISME ET NATURALISME (2159)

RÉCITS POUR AUJOURD'HUI
17 fables et apologues contemporains (345)

RIRE : POUR QUOI FAIRE ? (364)

RISQUE ET PROGRÈS (258)

ROBINSONNADES
De Defoe à Tournier (2130)

LE ROMANTISME (2162)

SCÈNES DE LA VIE CONJUGALE
Le couple au théâtre, de Shakespeare à Yasmina Reza (328)

LE SURRÉALISME (152)

LA TÉLÉ NOUS REND FOUS ! (2221)

LES TEXTES FONDATEURS (340)

TROIS CONTES PHILOSOPHIQUES (311)
Diderot, Saint-Lambert, Voltaire

TROIS NOUVELLES NATURALISTES (2198)
Huysmans, Maupassant, Zola

VIVRE AU TEMPS DES ROMAINS (2184)

VOYAGES EN BOHÈME (39)
Baudelaire, Rimbaud, Verlaine

Création maquette intérieure :
Sarbacane Design.

Composition : In Folio.

Dépôt légal : janvier 2010
Numéro d'édition : L.01EHRN000234.C002
Imprimé en Espagne par Novoprint (Barcelone)